U0460618

国家社科基金项目“戴克里先研究”（项目批准号：BSS001）阶段性成果

LUOMA
SHIGANG

罗马史纲

〔美〕威廉·C.莫瑞　著
张晓校　译

黑龙江人民出版社

图书在版编目(CIP)数据

罗马史纲/(美)威廉·C. 莫瑞著;张晓校译. —哈尔滨:黑龙江人民出版社,2017. 9(2021. 3重印)
ISBN 978-7-207-11143-2

Ⅰ. ①罗… Ⅱ. ①威… ②张… Ⅲ. ①古罗马—历史 Ⅳ. ①K126

中国版本图书馆 CIP 数据核字(2017)第 230278 号

责任编辑: 常 松 杨晓娟
封面设计: 张 涛

罗马史纲
〔美〕威廉·C. 莫瑞 著
张晓校 译

出版发行 黑龙江人民出版社
地　　址 哈尔滨市南岗区宣庆小区 1 号楼
邮　　编 150008
网　　址 www. longpress. com
电子邮箱 hljrmcbs@ yeah. net
印　　刷 三河市华东印刷有限公司
开　　本 787×1092 1/16
印　　张 11. 75
字　　数 215 千字
版　　次 2017 年 9 月第 1 版 2021 年 3 月第 2 次印刷
书　　号 ISBN 978-7-207-11143-2
定　　价 35. 00 元

目　录

第一章　导论:领土和人民

一、罗马史的地位;二、意大利地理;三、意大利的民族

一、罗马史的地位

【罗马史的重要性】开始学习罗马史,我们或许自问:为什么罗马史如此重要,又值得我们如此关注?因为罗马是古代世界最伟大的国家之一,她对几乎所有现代国家产生了重大影响。希伯来人、希腊人和罗马人,这些为数不多的伟大民族,对今日世界之形成做出过巨大贡献。假如这些民族不曾存在,我们现世的生活和习俗无疑将大相径庭。鉴于此,为了理解今天生活的这个世界,我们有必要对虽生活在许多世纪之前,但却为我们留下了丰厚遗产——我们使用的诸多种语言、文学、宗教、艺术、政府和法律,成就我们今天生活的这些世界性民族加以研究。

【罗马和古代世界】我们经常把罗马人视为征服世界的民族。然而,罗马不仅征服了古代世界许多重要的国家,而且把这些不同的国家统一为一个民族,于是,古代世界最终变成了罗马人的世界。分布在地中海周围的古老国家——迦太基、埃及、巴勒斯坦、叙利亚、希腊、马其顿——全都成为罗马帝国的组成部分。人们所承袭的这些国家的思想和习俗、艺术和制度,都熔铸在罗马文明之中。因此,我们可以认为,罗马是古代世界最伟大的国度。

【罗马与现代世界】如果说罗马与古代世界关联密切,那么与现代世界的关系则更为重要。罗马帝国灭亡后,罗马四分五裂,而分裂的某些“碎片”成为现代国家——意大利、西班牙、法国、英国的基础。罗马据此成为古代与现代历史之间的纽带。罗马不仅集合了古代世界各项成果,而且把这些成果传递到现代。罗马继承了往昔,并连同自己的建树一起遗赠给未来。

因此，我们可以认为，罗马是现代世界的基础。

【罗马史的不同阶段】着手学习罗马史时，我们会发现，可从不同视角审视罗马史，以及罗马史呈现给我们的不同历史阶段。

首先，我们可以看到罗马领土的扩大。我们将看到，罗马从台伯河畔的一个小村落逐步扩张，直至占领整个意大利半岛，最后征服了地中海沿岸所有国家。罗马的将领、军队、战争、征服吸引了我们的注意力。我们可以在地图上追踪那些一步步纳入罗马人统治范围的新的土地、新的民族。就此而言，罗马将以这个世界伟大的征服国家出现在我们面前。

地中海世界

其次，我们可以看到罗马人统治臣民的方式，在这个范围内，罗马人建立了一个具有优越的政府和法律体制，并囊括所征服的不同地域和民族的伟大国家。进而我们将会看到罗马的政治家、立法者、高级官吏，以及各级民众大会所做的一切。就此而论，在我们看来，罗马又是一个世界上治理能力出众的国度。

最后，我们可以看到，在罗马人与其他民族发生联系时，在改善风俗习惯方面，甚至向被征服者学习，以及如何从一个粗鲁、野蛮的民族逐步转变为高度文明和有教养的民族的。我们将知晓，早期的茅草屋让位于宏伟的庙宇和剧场和其他各类壮观的建筑。我们将看到，早期罗马人粗俗的言谈成长为一种高贵语言，能够出色表达诗化情感和爱国主义豪迈。我们同样可以看到，罗马把自己的文化成果给予那些自己征服的、并不被人看好的民族。我们看到，罗马作古后，她的宝贵遗产留给了后人。由这一点分析，对我们而言，罗马又是这个世界上的一个传播文明的国家。

为了更好地理解罗马人,我们应审视各个历史阶段的罗马人,观察罗马人的征服、政府,以及罗马人的文明。

二、意大利地理

【意大利半岛】学习罗马史应当从意大利的地理开始,因为意大利是罗马民族的发祥地,正是在意大利,罗马人开始了伟大的生涯。也只是在征服、组建意大利之后,罗马人才有能力征服和统治世界。如果我们看一下地图(第2页),我们就会发现,意大利半岛的位置,对罗马势力的发展非常有利。意大利半岛坐落地几近地中海中心,在地中海沿岸,古代一系列最伟大的国家繁荣一时——埃及、迦太基、腓尼基、犹太、希腊和马其顿。通过征服意大利,罗马获得了在这些古代世界国家中的统治地位。

【意大利的范围与边界】远古时代,意大利的称谓仅仅指半岛的最南端。但正是从这一小小的地区,罗马人向外扩张,占领已经凸进大海的整个意大利半岛,最后征服了阿尔卑斯山以南全部领土。意大利半岛东部受到亚得里亚海或北部海洋的冲刷,西部则濒临特伦尼安海(Tyrrhenian)或南部海洋。意大利的大部分地区位于北纬38度至46度之间,全长大约1 158千米(720英里),宽度在177—209千米(110—330英里)之间,意大利全部面积约为23.68万平方千米(9.1万平方英里)。

【意大利的山脉】意大利有两座著名的山脉:阿尔卑斯山脉(Alps)和亚平宁山脉(Apennines)。(1)阿尔卑斯山脉构成了北方一个半圆形边界,充当了抵御欧洲邻国的坚固屏障。从最西边的海滨开始,阿尔卑斯山脉向北延伸大约241千米(150英里),最高峰勃朗峰(Mt. Blanc)4 572米(1.5万英尺),然后继续向东延伸大约531千米(330英里),接近亚得里亚海海角,沿海岸线消失。阿尔卑斯山脉有几处可以通过的隘口,外族有时会找到隘口,进入意大利半岛。(2)亚平宁山脉始于阿尔卑斯山脉西部最高峰,纵向穿过整个意大利半岛,构成了意大利的“脊梁”。围绕这一主线,延伸出许多山坡和分散的山峰。有时,亚平宁山脉充当了抵御北方入侵者的一道屏障。

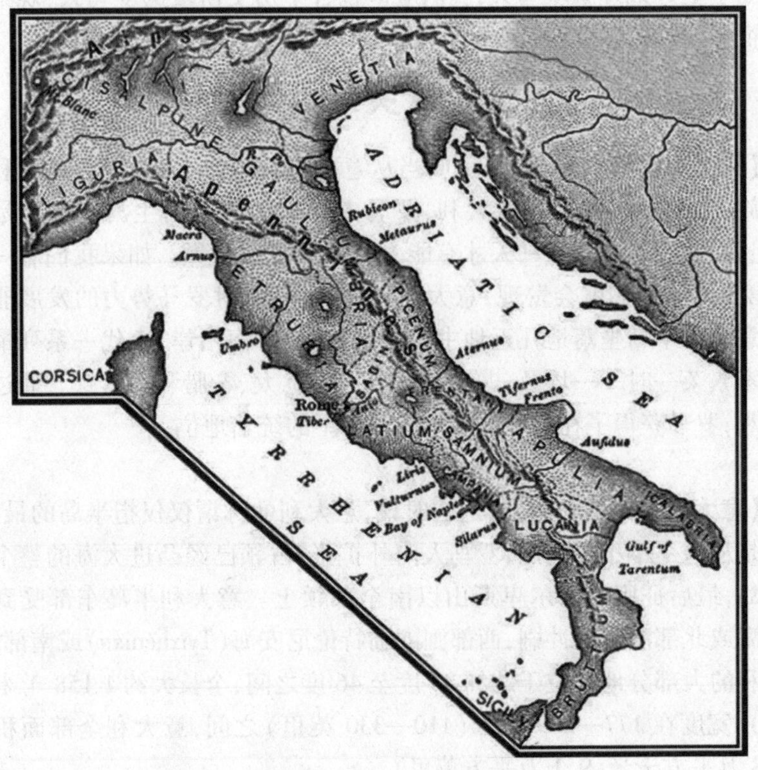

意大利的山脉、河流与区域

【意大利的河流】波河(Po)是意大利最重要的河流。波河拥有数以百计的支流,排干了阿尔卑斯山与亚平宁山中间,波河领域北部良田的积水。意大利半岛东面斜坡流水形成了诸多溪流,其中最著名的是卢比孔河(Rubicon)、麦陶鲁斯河(Metaurus)、弗仑托河(Frento)与奥菲杜斯河(Aufidus)。半岛西部斜坡最知名的河流是台伯河,阿尼奥河(Anio)为其支流。

【气候与物产】意大利的气候复杂多样,如同美国人从南方到北方。在波河流域,冬季经常是寒冷的,因相邻的阿尔卑斯山脉冰雪覆盖而冷风刺骨。中部意大利气候温和宜人,除亚平宁山脉之外,台伯河南部几乎看不到雪花。在南部意大利,气候差不多是热带的,来自非洲平原的灼热南风(sirocco)每每吹拂这片土地。

总体而言,意大利的土地是肥沃的,尤其是波河流域的平原,以及坎帕尼亚(Campania)的土地。古代意大利的主要农产品是小麦、橄榄和葡萄。

在相当长的历史时期内,意大利的橄榄油、葡萄酒产量居世界首位。由于对外征服,罗马同埃及这样的更富饶国家的发生商贸关系后,小麦产量大幅降低。

【**意大利的区划**】为了有助于我们下一步的学习,以及学习的方便,我们将古代意大利分为三部分:北部、中部和南部。

(1)沿北部意大利包括从阿尔卑斯山到在马克拉河(Macra)西部,至卢比孔河东部画一条直线的全部内陆领土。这里有三个界线分明的国家:西面的利古里亚(Liguria)、中部的山南高卢(Cisalpine Gaul)、东部的维尼提亚(Venetia)。

山脉、河流及意大利区划

(2)中部意大利包括半岛北部,即沿马卡拉河至卢比孔河之间画一条直线,另在西部希拉鲁斯河至东部弗仑托河之间再画一条直线,两条线之间的领土即为意大利中部。这一区域内,共有6个国家,三个在西海岸:伊达拉里亚(Etruria)、拉丁姆(Latium)和坎帕尼亚;三个在东岸,沿亚平宁山脉分布:翁布里亚(Umbria)、皮塞努姆(Picenum),以及我们称之为萨贝利人(Sabellian)的国家,该国家包括诸多山地部落,其中主要的部落是萨宾人(Sabines)、弗伦塔尼人(Frentani)和萨谟奈人(Sammite)。

(3)南部意大利由其余领土构成,主要包括四个国家,两个位于西海岸:卢卡尼亚(Lucania)和布鲁提乌姆(Bruttium),一直延伸到意大利靴形半岛"大脚趾";另外两个位于东海岸:阿普里亚(Apulia)和卡拉布里亚(Calabria,或雅庇吉亚,Iapygia),一直延伸到意大利靴形半岛的"足跟"。

三、意大利的民族

【**意大利的居民**】罗马建城之前很长时间内,意大利各地均已有人类居住。居住在这里的许多民族来自亚得里亚海顶端周围的北方地区,以不同方式向南进入意大利半岛各个地区。另有一些民族则通过海路,从希腊进入意大利,定居在南部海岸。我们当然不可能准确描述这些民族如何定居意大利的。对于我们来说,今天聊以自慰的是,已经知晓大多数早期定居者操印欧语(Indo – European)或雅利安语(Aryan),第一次出现在意大利时,这些民族尚未踏进文明的门槛，依然过着游牧生活，刚刚开始农耕。

【意大利诸部落】名曰意大利民族构成的大多数部落，占据着意大利半岛的绝大部分。为方便起见，我们把这些部落分为四个部分：拉丁人、奥斯坎人(Oscans)、萨贝利人和翁布里亚人。

(1)定居台伯河南、意大利中部的拉丁人，散布于拉丁姆四周的村落中谋生，耕种土地，饲养牲畜。村落由茅草屋组成，一般围绕一座山丘形成，这里筑有防御工事，危急时刻，村民可到这里避难。许多拉丁村落或山丘村镇(hill - towns)成长为城市。这些城市出于相互保护之目的，通过共同的信仰(朱皮特公祭，*Jupiter Latiaris*)结成联盟，通过坐落在阿尔巴隆伽附近阿尔班山(Alban Mount)的主要城市每年一度举行的节庆，联系在一起。

现代意大利的临时乡村茅草屋——应该和一个古代的拉丁村落相像

(2)奥斯坎人是曾居住在沿西部海岸，从拉丁姆向南延伸的乡村中意大利早期民族的遗民。奥斯坎人的许多习俗与拉丁人相近，尽管在当时并不先进。某些学者把奥斯坎人纳入早期与罗马多次交战的埃魁人、赫尔尼康人(Hernicans)、沃尔斯其人的分支。

(3)萨贝利人是人数最多、拥有意大利血统的好战民族。萨贝利人居住在拉丁人和奥斯坎人东部和南部，一直延伸到亚平宁山坡。与其说萨贝利人热衷于农耕，倒不如说饲养牲畜是主业。萨贝利人同样以劫掠近邻的庄稼和家畜为生。萨贝利人分为许多部落，其中最著名的部落是萨谟奈人，一个罗马人在征服中部意大利过程中遭遇的强大对手。很久以前，萨谟奈人中的一部分，从山区移居至肥沃的坎帕尼亚平原。

(4)翁布里亚人生活在萨贝利人北部，人称意大利最古老的民族。在罗马人与翁布里亚人发生联系后,翁布里亚人拥挤在一块相对狭小的领土上,几乎没有抵御外族征服的能力。翁布里亚人分成许多小部落,居住在山丘村镇和村落里,经常组成松散的联盟。

【伊达拉里亚人】伊达拉里亚人居住在拉丁姆西北部,在某些方面堪称早期意大利最出色的民族。关于伊达拉里亚人的起源一直笼罩着神秘色彩。早期,伊达拉里亚人的国家是一个强大国家,势力范围从波河到台伯河,甚至在坎帕尼亚平原也有一席之地。伊达拉里亚人各个城市设防坚固,彼此间通过同盟联合在一起。伊达拉里亚人的财富不仅来自农业,还来自商业。

伊达拉里亚人的宗教是阴郁、怪诞的迷信。他们认为,通过占卜,即通过观测鸟的飞翔和观察动物的内脏,可以获知神的意志。伊达拉里亚人是伟大的建筑师,他们高厚的城墙、双向车道、结构考究的下水道,以及富丽堂皇的陵墓,都向人们展示了这一文明的辉煌。

【意大利的希腊人】意大利最开化、最文明的民族是希腊人。希腊人在塔林敦(Tarentum)和远在西部海岸坎帕尼亚的那不勒斯建立了一系列殖民地。这些海岸散布着希腊人的城市,并因希腊人的商业活动充满活力,也深受希腊文化的影响,半岛的这一部分由此得名大希腊(Magna Graecia)。

【高卢人】如果说希腊人是半岛南端意大利境内最文明的民族,那么最北部的高卢人(Gauls)或凯尔特人(Celts)则是最野蛮的民族。从西欧越过阿尔卑斯山,高卢人赶走了伊达拉里亚人,占领了波河平原,从此,这里有了一个长时期存在的名字——山南高卢。高卢人占据这块土地,西面与利古里亚人为敌,东面与维尼提人(Veneti)对峙。在相当长的时间里,高卢人令意大利人惶恐不安。

罗 马 史 纲

L U O M A S H I G A N G

王政时代

WANGZHENG SHIDAI

第一阶段：早期王政时代（公元前753年至公元前616年？）

第二章　罗马的发端

一、早期王的传说；二、罗马的地理环境；三、罗马城的起源

一、早期王的传说

【早期历史传说】和所有古代民族一样，罗马历史的开端是由许多传说构成的。但我们不应依据这些传说推定，早期罗马史一片空白。和其他传说并无二致，这些故事传说中的某些内容是真实的，向我们展示了罗马民族的精神和理念，展示了罗马人曾经如何解释他们的习俗，以及制度是如何起源的。我们不应对所有的故事传说信以为真，也不能视其为一文不名，因为这些故事传说具有一定的历史价值，已经成为世界文学的一部分。

【罗马建城】根据传说，罗马城的起源与拉丁姆的主要城市阿尔巴隆伽联系在一起，而阿尔巴隆伽的起源又可追溯到小亚特洛伊城。据说，特洛伊城陷落后，特洛伊英雄埃尼亚斯（Aeneas）逃出废墟，肩扛年迈的父亲安奇塞斯（Anchises），手牵年幼的儿子阿斯卡尼乌斯（Ascanius），在母亲维纳斯的星座指引下，和一群特洛伊人在意大利海岸登陆，各种吉兆使人确信，拉丁姆

埃尼阿斯（钱币）

罗慕路斯、莱姆斯和母狼

即是伟大帝国所在地。埃尼亚斯建立了拉维尼乌姆城(Lavinium),他死后,儿子阿斯卡尼乌斯继承了阿尔巴隆伽的王位。此后,阿斯卡尼乌斯的子嗣在位300年,直至王位被王子阿姆利乌斯(Amulius)篡夺。为了确保消除所有可能的对手,篡位的阿姆利乌斯让自己哥哥的女儿莱娅·西尔维娅(Rhea Silvia)发誓做维斯塔贞女。然而,西尔维娅却成为孪生兄弟罗慕路斯(Romulus)和莱姆斯(Remus)的母亲,孪生兄弟的父亲则是战神马尔斯。居心险恶的阿姆利乌斯命人把孪生兄弟丢入台伯河,但在神明护佑下,两兄弟保住了性命。河水把两兄弟冲到帕拉丁山脚下的岸边后,一只母狼照料着两兄弟,在附近牧人的小屋里,把兄弟二人抚养成人。兄弟二人长大成人后,在他们幸运得救的帕拉丁山上建造了罗马城(公元前753年?)。在两兄弟争吵中,弟弟莱姆斯被杀,罗慕路斯成为新城市之王。

【罗慕路斯的统治】罗慕路斯不仅被罗马人视为罗马城的建造者,而且被罗马人视为社会与政治制度的创立者。据说,罗慕路斯通过为流亡者开放庇护所,吸引更多的人到新建城市居住。城里居民没有妻子,罗慕路斯便抢劫了萨宾少女。一场战争过后,罗马人同萨宾人讲和,两个民族联合在一起,在一个城市里居住,由罗慕路斯和提图斯·塔提图斯(Titus Tatius)两个国王统辖。提图斯死后,罗慕路斯一人独掌权柄,并为全体人民制定了法律。罗慕路斯多次对相邻各城镇发动战争,统治了37年之后,罗慕路斯变成了天神,以奎里努斯(Quirinus)的名义受人崇拜。

【努马·庞皮利乌斯】空位一年之后,一个名曰努马·庞皮利乌斯(Numa Pompilius)的萨宾人当选为罗马第二任国王。据说,努马非常睿智,恪尽职守,传授给罗马人和平的知识,以及崇拜诸神。据称,努马是罗马宗教的创建者,还任命了祭司和其他司职宗教的官员。努马在罗马人中分配土地,并按照特米努斯(Terminus)神的旨意划定了边界。传说,努马将一年划分为12个月,依此创建了罗马的历法。经过了42年平稳统治后,努马死去,埋葬在台伯河对面的贾尼库鲁姆(Janiculum)山脚下。

【图鲁斯·赫斯提里乌斯】第三任国王图鲁斯·赫斯提里乌斯(Tullus Hostilius)在罗马人中选举产生。因征服阿尔巴隆伽,图鲁斯的统治引人关注。关于这场战争的各种描述中,赫拉提(Horatii)与库利亚提(Curiatii)的故事非常著名,三兄弟在各自的军队中,通过格斗决定选拔其中一个人,结果赫拉提胜出,罗马人成为盟主,阿尔巴隆伽由此臣服于罗马。尔后,阿尔巴隆伽被夷为平地,全体居民迁至罗马。据说,图鲁斯蔑视崇拜神灵,结果他家所有房舍被朱庇特(Jove)的闪电摧毁。

【安库斯·马尔西乌斯】图鲁斯统治结束后,萨宾人、努马·庞皮利乌斯之孙安库斯·马尔西乌斯(Ancus Marcius)当选为国王。据说,安库斯公布了祖父的神圣法典,并试图重新确定和平法律法规。但由于受到拉丁人的威胁,安库斯征服了多座城市,并把这些城市居民带到罗马,安置在阿文丁(Aventine)山。安库斯在台伯河对岸的贾尼库鲁姆山构筑了防御工事,以保护罗马不受伊达拉里亚人的侵袭,并在台伯河上架设了一座木制桥梁(苏布里西乌斯大桥,*Pons Sublicius*)。安库斯还征服了罗马至海之间的地区,在台伯河口建造了奥斯提亚(Ostia)港。

【传说的真实性】事实上,这些由离奇、不可思议的事件装点的各种故事,是罗马人引以为骄傲地讲述自己城市的起源,以及先王业绩的依据。这些传说许多细节之不可信性已得到证实。在像本书这样的小册子里,说明诸多已经表达的关于早期罗马史真实性的观点,当然是不可能的。我们没有必要对所有事件、细节信以为真,足以说明问题的是,我们能够发现故事中涉及的、历史上真实存在的某些事实和各项习俗,借助其他手段,我们可以把这些事实聚拢在一起,以便用一种理性的方式,解说台伯河畔这座著名城市的起源与发展。

二、罗马的地理环境

【罗马的山丘】要想获得比传说故事更多的关于罗马诞生的确切知识,我们应当研究那些被称为罗马民族摇篮的一系列山丘。通过观察这些山丘,我们能够非常清晰地看到罗马是如何产生的,以及怎样成长为一座强大城市的。这些山丘的地理位置有利于抵御外敌,对庞大居民聚居区也有益处。这些山丘坐落在距台伯河口 29 千米(18 英里)处,远离海洋,可避开活动猖獗的海盗袭扰,同时台伯河也为商业活动提供了便利。

【山丘之间的相互关系】理解这些山丘之间的相互关系,我们可以把这些山丘分成两部分:北部和南部。南部三座山丘:帕拉丁、凯里安(Caelian)和阿文丁,成三角形排列,帕拉丁向北突出。北部有四座山丘:呈半圆形依次排列,从东面开始:埃斯奎林(Esquiline)、维米纳尔(Viminal)、奎里纳尔(Quirinal)和卡皮托林(Capitoline),卡皮托林是奎里纳尔的一个山坡。正如我们将要看到的，这两组山丘坐落在不同地点，所有山丘都位于台伯河畔，帕拉丁占据最中心和掌控的位置，因此，在帕拉丁居住的居民自然成为七丘之城当权者。

【罗马与邻国的关系】观察台伯河周边接壤的领土，我们可知，罗马位于三个重要国家之间的连接点上。罗马的南面和东面是拉丁姆，这个拉丁人的国家已经拥有一批城市，其中最重要的是阿尔巴隆伽。罗马城北面是萨贝利人的一支萨宾人的国家。罗马的西北面是伊达拉里亚，拥有众多城市和组织较好的联盟，居民为最文明、富有进取心的中部意大利民族。三个不同国家的民族都向七丘的方向推进。我们不难看出，争夺这一重要地区的所有权的时间将会到来。

三、罗马城的起源

【定居帕拉丁山上的拉丁人】据我们所知，第一个在罗马立足的民族是拉丁人，他们在帕拉丁山周围建构了小村落。这一拉丁人定居点最初只是一个小村落。作为一种边远村落，由少量的农夫与来自拉丁姆（或许是阿尔巴隆伽）牧人构成，既保护了拉丁人的边界，也维护着与相邻部落的贸易安全。建构这种村落的人被称为拉姆尼斯（Ramnes）。他们居住在帕拉丁山坡、阿文丁与凯里安山丘之间的低洼地的粗陋的茅草屋内，周边的土地用于耕种放牧。为防止遭受侵袭，帕拉丁山四周以石墙加固，石块虽然粗糙，但却很牢靠。这一设防地区称为“方形罗马”（*Roma Quadrata*）。这里构成了（拉丁人）殖民地的要塞，当遭受有敌意的邻人攻击时，侨居者驱赶着牲畜，偕家小进入要塞。有人认为，最近发现的著名的罗慕路斯城墙，即是帕拉丁最初的城墙，展现了第一个罗马要塞的一般特征。

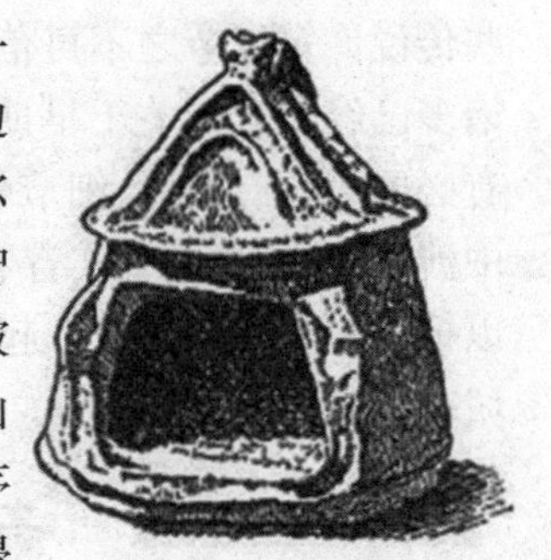

茅草屋模型

罗慕路斯城墙

【奎里纳尔山上的萨宾人村落】与帕拉丁定居村落相对的奎里纳尔山逐渐形成了另一个小村落。如同帕拉丁村落是拉丁人殖民地一样,奎里纳尔定居点大概也是萨宾人的一个殖民地或边远居民点。萨宾人从阿尼奥河对岸的南方涌入,他们在奎里纳尔山的移居者称为提提斯(*Tities*)。萨宾人的殖民地成为第二个山丘村镇,特征与帕拉丁山的小镇几无二致。

【罗马人与萨宾人的联合】因台伯河附近土地所有权,两个彼此相对的山丘村镇自然成为竞争对手,但双方实力相当,谁也无法征服对方。假如两个定居点相距遥远,冲突只会偶尔发生,依然会各自保持独立。由于彼此邻近,既可以经常处于战争状态,也可以友好相处,双方选择了后者。结成联盟之后,形成了一个永久的联合体,两个村镇最终变成了一座城市。为了庆祝联合,两城镇的中间地带奉献给了双面神雅努斯(Janus),雅努斯守护着两村镇的通道。据说,雅努斯神庙的建造者为努马。卡皮托林山用作双方共同的要塞。两城镇的中间地带开辟为市场(*forum*),同样也是民众集会场所(*comitium*)。帕拉丁和奎里纳尔的两座村镇联合为一个共同体,拥有共同的宗教和政府,是一个意义重大的历史事件。事实上,此次联合是罗马日后合并拉丁姆、意大利,并最终成为世界上最强大城市的第一步。

【凯里安山的第三个村落】罗马人与萨宾人的联合,为进入的第三个民族——卢塞莱斯人(Luceres)所效仿。卢塞莱斯人大概是被征服后,定居凯里安山的拉丁人的一部分——尽管有时被视为伊达拉里亚人。无论他们起源何处,可以肯定的是,他们不久便被整合为整个城市共同体的一部分。早期罗马诸王的城市由此分成了三个区或三个部落(*tribes*)——特里布斯(*tribus* 意为第三部分,来自拉丁语 *tres*——三)。这种三重起源的痕迹,在后来诸多制度中得以保留。三个村落逐步联合成为一个城邦,拥有共同的社会、政治和宗教制度。通过联合,新城市日益强大,并有能力在与邻邦对抗中获得成功。

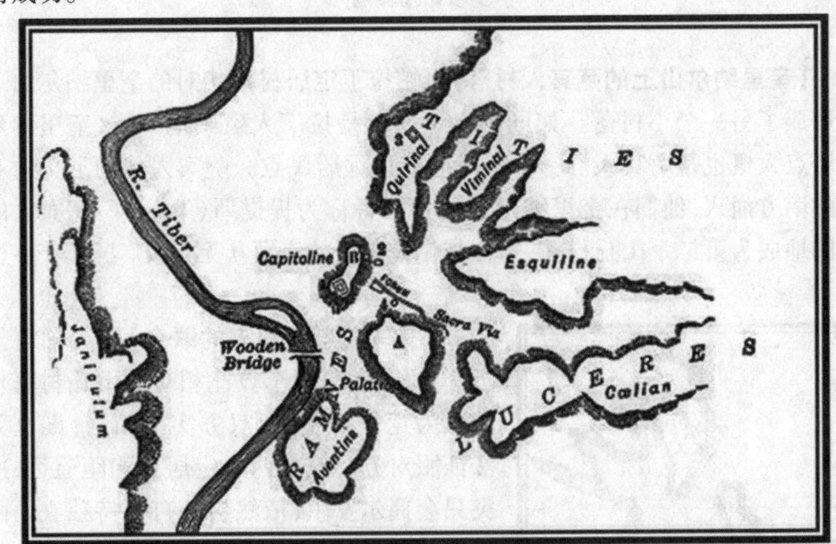

早期诸王城市——三个部落

A.“方形罗马”;B. 城堡、神庙、祭坛等:1. 卡皮托林朱皮特;2. 雅努斯;3. 奎里努斯;4. 维斯塔;5. 塔尔珀伊亚岩石(Tarpeian Rock,卡皮托林山上一块岩石,在此把叛国犯掷下处死)

第三章　早期罗马社会结构

一、早期罗马社会；二、早期罗马人的政府；三、罗马人的早期宗教

一、早期罗马社会

【社会制度】参照看上去非常合理，以及通常为人接受的观点，我们回溯了罗马城市的起源。当然，书写罗马早期历史的不同作家，对许多问题细节的描述不尽相同，但他们几乎一致同意，罗马城是在帕拉丁山上拉丁人的农夫和牧人的小村落基础上发展起来的，第一个小村落通过与建立在其他山丘上的村落联合，逐步扩张。但更加充分地理解这个小城邦，我们必须考察这个小城邦是怎样组织民众的，以及如何将民众安排在各社会团体中，人们如何接受统治的，社会与政府是如何结合在一起的，城邦是怎样通过共同的宗教信仰走向强大的。我们首先考察罗马早期的社会制度。

【罗马人的家庭】罗马社会的最小群体是家庭。罗马人的家庭被视为整个人类制度中最重要、最庄严的一部分。家庭首脑是家长（*paterfamilias*——大家庭的家长）。家长是每一位家庭成员的最高统治者，每一个成员从生到死，都要接受家长管束。家长负责家中祭祀神灵活动，掌管家庭祭台燃烧不息的圣火的宗教仪式。在这个家庭中心周围，聚集的是儿子、女儿、孙子、孙女等等，以及收养的孩子——所有这些成员只要活在世上，就必须接受家长的管束。罗马家庭或许也有称为门客的附属成员，门客视家庭中的父亲为庇护人。同样还有奴隶，父亲是为自己服务的奴隶的主人。每一个罗马人都以自己家庭和祖先的业绩为自

家庭祭台

豪,家族崇拜的终止被视为巨大的灾祸。

【罗马人的氏族】一些被认为能够追溯一个共同祖先的家庭,构成了“克兰”(*clan*)或氏族。和家庭一样,氏族依共同的宗教仪式联系在一起,接受一个共同酋长或族长(*decurio*,迪库里奥)管辖,并负责宗教仪式,战时充当军事统帅。

【罗马人的库里亚】一定数量的氏族组成了一个更大的群体,谓之库里亚(胞族,*curia*)。远古时代,不同的人群想要联合在一起时,习惯的做法是共同崇拜某个神灵,使联合具有神圣性。所以,库里亚通过对崇拜共同神祇产生。为了主持宗教仪式,人们选举出了一个首领——库里奥(*curio*)。库里奥战时为军事首脑,平时则是主要的行政长官。库里奥由长老议事会辅佐,凡遇有特别重要的问题,库里奥会在某个公共场所召开的会议(*comitium*)上,与库里亚成员协商。因此,库里亚即是一个小规模的氏族联盟,我们可以称之为小邦国。

【罗马人的部落】早期罗马社会还存在比库里亚更大的集体,即部落。和拉丁人定居帕拉丁山与萨宾人定居奎里纳尔的联合体一样,部落是库里亚为了共同抵御外敌而组成的、组织更严密的联合体。山丘上的每一个村落都是一个部落。每个部落都有自己的首领或王(*rex*),既是共有宗教的祭司,也是战时军事总指挥,还是平定各种纷争的民事长官。和库里亚一样,部落也拥有一个长老议事会,以及一个所有有能力武装自己的人参加的民众大会。这些部落中的三个构成了全体罗马人民。

二、早期罗马人的政府

【罗马政府的成长】此时,我们比较容易理解联合为一个整体的城市是如何存在的。正如所见,每个部落都有自己的王、长老议事会、民众大会。当帕拉丁、奎里纳尔山上的部落实现联合,成为一个民族时,他们的政府自然合二为一,组成了一个政府。例如,两个王被轮流从两个部落中选举产生的一个王所取代;原来的两个由 100 人组成的长老议事会,合并成为一个由 200 人组成的议事会;原来的两个各由 10 个库里亚组成的民众大会,此时联合成为一个由 20 个库里亚组成的民众大会。如果有第三个部落加入时,仍然是一个王,只不过长老议事会增加至 300 人,民众大会由 30 个库里亚构成。

【罗马人的王】罗马人的王是全体人民的首领。王由全体人民在民众大会上选举产生，经过众神允诺后就职。某种意义上说，王是国家之父，是国家宗教的主祭司，是人民的军事指挥官，可在战时召集军队。王掌管法律与司法，和一个家族的家长一样，对所有臣属有生杀予夺的大权。

【元老院】联合起来的城市长老议事会称为元老院（*senate*，来自拉丁语 *senex*，意为年长的男人）。元老院由氏族首领构成，由王挑选，他们以建议的形式辅佐王。元老院最初为 100 人，后增加至 200 人，最终由 300 人组成。由于部落增加了第二第三个，因此，元老院的人数比最初的人数先是增加了两倍，最后增加至三倍。初期的元老院没有制定法律的权力，只有对王的建议权，这些建议，王可以接受，也可以不接受。王可以为所欲为。

【库里亚大会】30 个库里亚的全体具备当兵打仗能力的民众，组成了合并城市的民众大会，称之为库里亚大会（*comitia curiata*）。在库里亚大会上，每一个库里亚可投一票，库里亚大会的意志是由多数票决定的。某种意义上讲，库里亚大会在元老院拥有绝对权威。库里亚大会选举王，通过将权力授予王的法律，批准或否决王关于战争与和平的提议。早期罗马城邦后来被描述为民主制君主政体，因为王的权力是建立在人民意志基础上的。

三、罗马人的早期宗教

【早期宗教的发展】和罗马人的政府一样，罗马早期宗教是伴随着各个村落联合成为一个共同体发展起来的。不同的部落聚集罗马城，选择朱庇特和马尔斯作为共同的神祇，在卡皮托林山和奎里纳尔的奎里努斯一同崇拜祭祀。和家庭灶台保持火焰不息一样，罗马城的圣火供奉在维斯塔神庙，日夜燃烧。罗马人宗教观念浓厚，人们确信王的所有权力：从家庭中父亲的权力，到王的权力，均为上苍赋予。无论战时，还是平时，人们都在神明的注视下，并通过节庆、崇拜表达对神的敬意。

卡皮托林朱皮特神庙
（圆形勋章）

【早期罗马人的神祇】在家庭和氏族崇拜的祖先传递下来的神祇之上，

增加了罗马人随处可见的各种自然神。这些最早的神祇起源于游牧和农业民族的想象。这些民族认为,各种各样的神是牛羊的保护者,是气候、四季,以及土地收成的守护者。朱庇特主神(Jove,Jupiter)是天空、空气元素、雷电之神;泰鲁斯(Tellus)为大地女神,是一切有生命物质之母;萨图恩(Saturn)是播种之神;塞莱斯(Ceres)为收获女神;明妮尔瓦(Minerva)是橄榄树女神;弗洛拉(Flora)为鲜花之神;利伯尔(Liber)是酒神。

【宗教官职】王是国家最高宗教官吏,但需要那些受指派执行特殊宗教职责的人辅佐。三个重要的国家神祇——朱庇特、马尔斯和奎里努斯,每一个都指派被称为祭司(*flamen*)的专人供奉。为保证维斯塔神庙的圣火永不熄灭,特别指定6名维斯塔贞女守护圣火。维斯塔贞女是人们心目中国家的神圣女儿。在大祭司长(*pontifex maximus*)负责之下,专门设置的祭司负责宗教节日和庆典,祭司团(*fetiales*)还负责宣战程序。

【宗教仪式】罗马人在祈祷、节庆、祭祀中表达对神的感激。罗马人向神祈祷的目的是获得神的宠爱,在祈祷过程中经常伴有宣誓活动。宗教的祭祀用品,或是产自土地的果实,如鲜花、美酒、牛奶、蜂蜜等,或是以家畜为牺牲,如牛、羊、猪等。祭祀神的节日,散布在一年之中的不同月份。罗马人古老的日历含有许多这样的节日。新年以3月(March)为开始,向马尔斯献祭,也为了庆祝战神节。其他宗教节日主要围绕播种、收获,以及与早期罗马人一样的农耕民族生活相关的类似活动展开。

第二阶段:王政时代后期(公元前616年至公元前510年?)

第四章　伊达拉里亚诸王

一、后三王的传说;二、伊达拉里亚人的影响;三、罗马城的扩大

一、后三王的传说

【后三王】王政时代晚期,我们将看到与早期罗马差异较大的许多变化。这一时期的历史依然以传说为基础,但这些传说和从前的古老传说比较,可信度相对高一些。我们将看到,罗马在外族王统治下,城市发展迅速,公共机构在许多方面发生了改变。取代罗马人、萨宾人的新国王是伊达拉里亚人,这些王使罗马城在某些方面具备了伊达拉里亚人城市的特征。

【塔克文·普利斯库斯】据说,第一任新国王来自伊达拉里亚塔尔奎尼城(Tarquinii),塔克文(Tarquinius Priscus)之名即源自塔尔奎尼。传说,塔克文来到罗马城附近时,天空飞来一只鹰,衔起了塔克文头上的帽子,又放回塔克文头上。塔克文的妻子精通伊达拉里亚人占卜术,认为鹰是上苍派来的使者,鹰的行为是塔克文将要获得荣誉和权势的征兆。安库斯·马尔西乌斯死后,塔克文称王。塔克文同近邻民族——拉丁人、萨宾人多次进行战争。和战时一样,塔克文在和平年代亦业绩显赫,他排干了罗马城的积水,扩建了广场,在卡皮托林山建造了朱庇特神庙。在位38年后,塔克文被安库斯·马尔西乌斯背信弃义的儿子杀害。

【塞尔维乌斯·图利乌斯】继塔克文之后,塞尔维乌斯·图利乌斯(Servius Tullius)称王。据说,塞尔维乌斯是王室家奴后代,诸神通过某些神秘征兆对他予以关照。塞尔维乌斯也证实自己是塔克文当之无愧的继承人。塞尔维乌斯同拉丁人签订了条约,罗马被公认为拉丁姆的领袖和该联盟的标志。塞尔维乌斯在阿文丁山上建造了戴安娜(Diana)神庙,扩大了城市,将

七座山丘囊括在一条城墙内。在位44年后,塞尔维乌斯被自己的女婿,亦即下一任王高傲者塔克文杀害。

【高傲者塔克文】传说中,罗马王政时代最后一王高傲者塔克文(Tarquinius Superbus),是作为暴君出现在历史上的。高傲者塔克文通过谋杀获得王位,他的统治并未得到元老院和人民的许可。高傲者塔克文贪恋权势和虚荣,继续同拉丁人进行战争。他还在拉丁姆南部边界,多次发动对沃尔斯其人的战争,并用战利品竣工了卡皮托林山上的朱庇特神庙。尽管他蔑视宗教,但据传是他从库麦(Cumae)有影响的女预言家那里引入和购买了《西比林书》(*Sibylline books*)。据说,高傲者塔克文晚年为一系列奇异的睡梦所惊吓,便派两个儿子和侄子布鲁图斯(Brutus),前往希腊特尔斐讨教神谕。一行人向神谕请教了一个问题,得到的答复是,第一个亲吻母亲的人应当继承王位。布鲁图斯趴在地上,亲吻大地——所有人共同的母亲,证实自己就是神谕所指的那个人。这一传说告诉我们,高傲者塔克文是如何被废黜,以及王政时代是怎样终结的。

【传说的意义】我们当然不能把这些故事当作信史,但在其中可以看到,此时的罗马,与王政时代早期的罗马大有区别。我们能够看到,在伊达拉里亚人统治下,大规模的公共工程和建筑得以完善,并获得了邻邦拉丁姆的领土控制权。

二、伊达拉里亚人的影响

【王权】伊达拉里亚王朝最重要的特征之一是王权的强化,所有伊达拉里亚王都是强权统治者。尽管他们无法改变民众的性格和精神,但他们给予罗马的某些影响和优长,亦前所未有。伊达拉里亚王的强权最初对民众是有益的,但最终却演变为人们痛恨和难以忍受的暴政。

【王权的标志】王权的标志从伊达拉里亚人那里引入,即这些象征意味着成为王的人,将获得更多的尊重与尊敬。王权的标志包括金王冠、象牙权杖、象牙装饰的座椅——被称为象牙圈椅、镶有白边的紫色长袍(*toga praetexta*),以及肩扛插有斧头束棒的法西斯(*fasces*)。法西斯也是王拥有绝对权力的标志。

【占卜师】负责解说神的意愿的占卜师或预言家,同样来自伊达拉里亚。

这些占卜师通过观察闪电及其他自然现象,也通过查验用作牺牲的动物内脏,甚至通过观察献给神灵的正在啄食的小鸡,解释神的意志。伊达拉里亚预言家比罗马人的占卜官更精通对神的意志的解读,据说,元老院已经认同伊达拉里亚宗教仪式的长期教化。

【公共工程】后三王时期,某些公共工程带有伊达拉里亚人影响的诸多痕迹。巨大、持久的建筑风格,尤其是这一时期建造的城墙和下水道,彰显出这些建筑是卓越和经验丰富建筑师们的杰作。通向广场的图斯坎(Tuscan)大街(*vicus Tuscus*)之名,保存了罗马城内外来影响的记忆。

三、罗马城的扩大

【塞尔维乌斯城墙】首先,通过归功于塞尔维乌斯·图利乌斯,并以他的名字命名的新建造的、规模更大的城墙,塔克文统治下罗马城市的扩张一览无遗。此前,罗马城的城墙主要建在帕拉丁山上。其余几座山丘,只是部分地建造了防御工事。但此时,通过把旧城墙连接在一起,构建新的防御体系,建造了一个将7座山丘围圈在一起的防御工事。这座城墙主要用体积较大的矩形石块建筑,坚固持久,守卫罗马城数百年之久。这座城墙的一部分,今天仍可见到。

【新神庙】塔克文统治时代,城市的神庙是令人印象深刻的建筑景观。在这些庙宇建造之前,常见的是祭坛,设置在人们眼中神圣的地点,或许还有一个简单的顶盖。伊达拉里亚诸王给予神圣的神庙建筑新的尊严。新建筑中最突出的例子是,卡皮托林山上的供奉最伟大的(*Optimus Maximus*)朱庇特的庙宇,包括专为供奉朱诺和明妮尔瓦的神殿。其他新建的神庙一座是卡皮托林山脚下广场附近供奉萨图恩神庙,另一座则为阿文丁山上供奉戴安娜神庙。

【马克西玛下水道】塔克文留下的著名公共工程中,最著名的是为排干城市积水建造的下水道,此即卓越非凡的马克西玛下水道(*Cloaca Maxima*),或曰大下水道。下水道在广场下穿过,注入台伯河。据说,下水道异常宽大,可通行一辆干草拖车,人们甚至可以乘小船顺流而下。下水道用坚硬的石块建造,采用伊达拉里亚人惯用的半圆拱形。下水道的排水口至今在台伯河依然可见。

【圆形剧场】为了民众的消遣娱乐，从伊达拉里亚引进了各种比赛活动，以及一座巨大的圆形剧场，称为“马克西姆大剧场”（*Circus Maximus*），坐落在帕拉丁和阿文丁山之间。民众每年在这里聚会一次，观看为向所崇拜的卡皮托林山上的神明表达敬意所举办的赛车、拳击和其他体育比赛。

第五章　王国的重组

一、平民初登历史舞台;二、政体改革;三、罗马称霸拉丁姆

一、平民初登历史舞台

【塔克文的改革】我们不应认为,伊达拉里亚诸王只是给予了罗马辉煌的建筑和更加持久坚固的公共工程。虽然这些建筑的重要意义一如我们所见,但塔克文所做的惠及罗马民众的某些事情,同样很重要。老塔克文和塞尔维乌斯被视为伟大的改革家,他们使罗马国家比之从前更加强大、更加统一。让我们看一下,罗马国家为什么需要改革,这些改革产生了什么后果。

【贵族的统治】我们已经知道,早期罗马人由三个部落,即在罗马七丘定居的三个古老社区构成。我们同样知道,尽管生活在罗马,这些部落仍由库里亚构成,库里亚又由氏族组成,这些氏族则由古老的家族组成。所以,显而易见的是,除非是某个古老家族的成员,否则就不可能成为国家的一员。只有古老家族的后代,才能够在民众大会投票,或选入元老院。只有这些人,才能应召集到军队服役。这些古老家族及其后代被称为贵族,国家实际上是贵族的国家。在其他所有人被排斥在政治权力和种种特权之外的同时,贵族构成了排外的、以自己利益为重的权贵阶级。

【平民的成长】伴随时间的推移,贵族身边成长起了一个新的阶级。尽管居住在罗马,但他们不是古老家族成员,因此,无缘跻身统治阶级行列。这些人被称为平民。无疑,他们中许多人,王政时代早期即已存在,但在王政时代晚期人数剧增。平民主要由罗马人征服的城市中,被带到罗马的居民构成,另有一些人则是从别的城市逃到罗马,在罗马寻找避难之地。这些人由此成为臣服者,而不是公民。他们不能够担任官职,没有投票权;尽管

允许他们拥有自己的财富，却无法与贵族家庭成员结婚。但当平民人数增多，且其中一部分人富裕起来时，他们便渴望与贵族获得平等地位。

【新的平民氏族】据说，第一位伊达拉里亚王塔克文·普利斯库斯迈出了将平民引入国家的第一步。塔克文·普利斯库斯以小氏族(*gentes minores*)的名义，将一定数量的富有平民家族引入每一个氏族中，而那些古老的贵族氏族，则因高贵的姓氏谓之大氏族(*gentes maiores*)。塔克文·普利斯库斯的这种做法，开始打破贵族与平民之间的界限，但数百年后平民与贵族才实现了完全平等。

二、政体改革

【新的地域部落】比塔克文·普利斯库斯各项改革更重要的改革，据说是塞尔维乌斯·图利乌斯进行的改革。先前的变化只是对一小部分平民阶级产生了影响，绝大多数平民一如往常。塞尔维乌斯认为，如果平民像贵族一样，纳税并服兵役，罗马会更强大，更有能力同自己的敌人竞争。于是，塞尔维乌斯不再以出身和血缘为基础，而是像旧有的部落中的区域一样，以居住地，即所生活的地区为基础，对罗马人进行了新的划分。塞尔维乌斯把罗马的全部领土，包括了城市和农村划分成像小镇、地方选区一样的地域性行政区。其中4个在城市，16个在农村；前者名曰城市部落(*tribus urbanae*)，后者称为乡村部落(*ribus rusticae*)。所有罗马人，无论贵族，还是平民，全部在居住地定居，在相应的部落登记注册，承担服兵役和部落税(*tributum*)等义务。

【新的阶级和百人队】塞尔维乌斯接下来所做的是改组军队，目的是使居住在罗马领土上的、在新建的地域登记注册的所有罗马人，都应当服兵役。首先是骑兵(*equites*)，由年轻富有的公民组成18个百人队或连队。然后是步兵(*pedites*)，由其余所有有能力承担武器装备的人组成。古时候，每一个男人必须自己准备各种武器。此时，因为并不是所有人都负担得起重装铠甲，故这些人依据财产、依据所能提供的铠甲，分成不同等级。第一等级由80个百人队构成，成员是最富有的男性，他们提供全套铠甲——左手携带的黄铜盾牌、覆盖双腿的护胫套、保护前胸的胸甲、保护头部的头盔，以及一柄短剑和一支长枪。第二等级以覆盖皮革的木制盾牌，替代了第一等级的黄铜盾牌。第三等级没有护胫套，第四等级则没有头盔和胸甲，携带的是木制盾牌，以及短剑和长枪。第五等级由最贫困的公民构成，武器只是飞镖和投石器。除了第一等级之外，其余等级安排在4个百人队或连队中，每个等级的百人队中一半由青年人(*iuniores*)组成,可随叫随到;另一半则由年长者组成,只是在特别危急时刻,才征召入伍。此外,尚有15个百人队由乐手、木工和代人应征入伍者组成。通过下表,我们可以对这种新型的军事序列有比较清晰的了解:

I.	骑兵 (*Equites*)	18 个百人队
II.	步兵 (*Pedites*)	
	第一等级(40 青年百人队, 40 年长者百人队)	80 个百人队
	第二等级 (10 青年百人队, 10 年长者百人队)	20 个百人队
	第三等级(10 青年百人队, 10 年长者百人队)	20 个百人队
	第四等级 (10 青年百人队, 10 年长者百人队)	20 个百人队
	第五等级 (10 青年百人队, 10 年长者百人队)	20 个百人队
	乐手、木工和代人应征入伍者	15 个百人队
	总计	193 个百人队

【新的民众大会——森都利亚大会】关于民众的等级划分,第一次出于军事目的,但同样也具有政治性质。关于战争的一些重要问题从前由旧有武装公民团体决定,当下则移交给新的武装公民团体是有充分理由的。事实上,新的战斗组织成为了投票单位,由此诞生了一个新的民众大会——森都利亚大会(*comitia centuriata*)。但这一新诞生的民众大会并未失去原有的军事性质。例如,森都利亚大会开会时,不像旧有的民众大会那样,依靠侍从官的呼喊,而是通过号声召集。此外,与原有的民众大会在广场集会不同,森都利亚大会在罗马城外的马尔斯校场(*Campus Martius*)举行。在森都里亚大会获得了真正的政治性质,成立法团体后,重要性远在古老的库里亚大会之上。

三、罗马称霸拉丁姆

【征服拉丁姆】在罗马日益强大,罗马民众更加团结,组织更加完善后,罗马同样获得了邻邦土地的控制权。罗马遇到的第一个民族是拉丁人。罗马人征服了一批拉丁城镇,将这些城镇纳入自己的统治之下,使之成为罗马领地(*ager Romanus*)的一部分。罗马人越过阿尼奥河,进入萨宾农村;越过台伯河,进入伊达拉里亚。据此,在王政时代结束前,罗马已经开始成为一支征服力量。其时,对于大部分拉丁姆而言,罗马人的征服是有限的,正是在所征服的拉丁姆地区,罗马人建立了前面提到的乡村部落。

【罗马与拉丁同盟】在被征服领土之外,独立的拉丁城市组建了强大的联盟。征服阿尔巴隆伽之后,罗马人继而成为30座城市组成的联盟的首脑。

这些城市的居民不是罗马公民，但获得了贸易和与罗马人通婚的权利。拉丁同盟通过条约将拉丁姆与罗马联系在一起，条约也使拉丁同盟部分地从属于罗马，因为条约规定，未经罗马人允许，拉丁同盟不得进行战争；如果罗马人进行战争，则拉丁同盟必须援助罗马人。

【王政时代述评】罗马已经成为一座强大的城市，并由于国家政策，正在成长为一个颇似新型国家，可从不同角度描述。假如我们用两个词汇概括罗马人的策略，那么这两个词汇应是“扩张”与“合并”。所谓“扩张”指的是，无论是通过征服，抑或通过联盟，罗马人把自己的权力延伸至邻国领土。所谓“合并”指的是，把臣属民族纳入到一个政治实体中。例如，罗马人第一个纳入的对象是奎里纳尔山上的萨宾人村落，然后是凯里安山上的拉丁村落，最后是在贵族身边成长起来的平民阶级。王政末年，罗马已成为结构紧凑、组织严密的城市国家，拥有台伯河周围大片领土，控制着诸多拉丁城市。

罗 马 史 纲

L U O M A S H I G A N G

共和国时代

GONGHEGUO SHIDAI

第三阶段:早期共和国的平贵斗争(公元前510年至公元前343年)

第六章　反对王政的斗争

一、废黜王政;二、新生的共和国政府

一、废黜王政

【向共和国过渡】我们已经看到了罗马如何诞生,以及在王政统治下,如何逐步扩大领土,扩张势力的。我们现在将考察王政是如何转变为共和国的,考察这种转变带来的不同形式的斗争。罗马王政向共和国转变,原因在于最后一王塔克文的暴政。所以,罗马人争取自由的斗争是一场反对王政的斗争。当人们无法忍受高傲者塔克文的统治时,便将他和全家人逐出罗马(公元前510年)。在伊达拉里亚人和拉丁人帮助下,高傲者塔克文企图夺回失去的王权,因此,从共和国诞生之日起,便充满了冲突与动乱。这一时期的故事告诉我们许多关于罗马人美德与爱国主义的英雄业绩。在这些故事里,我们可以看到,一个热爱自由的民族,为摆脱暴君,组建一个更加自由的政府所付出的巨大努力。

【布鲁图斯和克拉提努斯的故事】以下传说首先告诉我们,王是如何被逐出罗马的。该传说源自两名爱国者——布鲁图斯和克拉提努斯(Collatinus)的英雄业绩:两人决定向高傲者塔克文及其家族可耻行为复仇。两名爱国者动员罗马人,通过了一项驱逐塔克文及其腐败家族的法律。罗马城门对塔克文关闭,士兵们把布鲁图斯视为国家的解放者,向他致敬。民众宣布应当永远废除王政,并选举布鲁图斯和克拉提努斯作为自己的领导者,为期一年。

【布鲁图斯儿子们的阴谋】遭废黜的王派信使到罗马,询问是否可以归还他的财富。在执行这项使命的同时,信使们组织了一次恢复被逐国王王位的阴谋活动,布鲁图斯的两个儿子参与了这一叛国计划。一个碰巧听到了阴谋者计划的奴隶,揭穿了事实真相。当发现两个儿子参与叛国行动时,布鲁图斯没有让做父亲的感情妨碍自己作为一名爱国者应履行的职责——判处两个叛国逆子死刑。

【伊达拉里亚人恢复塔克文王位的企图】罗马城内的阴谋失败后,塔克文向维艾(Veii)和塔尔奎尼城的伊达拉里亚人求援,两座城市组织了一支军队,援助塔克文。接下来发生的激战中,塔克文的儿子杀死了布鲁图斯。长久以来,没有人怀疑这场战争的结局是席尔瓦努斯神(Sylvanus)决定的,人们听到了他在森林里宣布罗马人在这场战争中获胜。塔克文转而向伊达拉里亚最强大的王子,克鲁西乌姆(Clusium)国王拉尔斯·波森纳(Lars Porsenna)求援。集结军队后,波森纳迅速包围了台伯河岸边的贾尼库鲁姆山。带领两个百人队的赫拉提乌斯·柯克勒斯(Horatius Cocles)的英雄行为保住了罗马,毁掉台伯河上的木桥后,阻止了伊达拉里亚人的所有军队,波森纳被挡在城外。在蹂躏了罗马周边乡村后,波森纳同罗马人讲和,不再为塔克文提供任何援助。

【拉丁人的企图】塔克文转而向拉丁人求助,30 座拉丁城市站到了塔克文一边。形势异常严峻,迫使罗马人任命一名独裁官,指挥战场上的军队。依据古老的传说,随之发生了著名的莱吉鲁斯湖战役(Lake Regillus),在罗马人阵营一边,两名高大无比的、骑着雪白的战马的年轻人,决定了战局。罗马人把两名年轻人视为孪生神祇——卡斯特尔(Castor)和波卢克斯(Pollux),并在广场建造了一座神庙,以纪念两人的解救之恩。

【传说的意义】我们无法对这些传奇故事中的所有一切都信以为真,我们知道其中记载了一个重大历史事件,知晓王政被推翻。我们同样知晓这一转变并非风平浪静,而是伴随着残酷的斗争。最后,我们看到罗马人尊敬勇敢和爱国主义的英雄美德,相信自己的命运把握在神的手里。

二、新生的共和国政府

【两名执政官】王政作古后,王的权力移交至由民众选举的两名执政官手中(最初称为行政官——*praetors*)。尽管权力来自古老的王的权力,但执政官的权力在许多方面与王权不同。首先,王手中握有的是终身权力,而执政官手中的权力时限却限定为一年;其次,王权掌握在一个人手中,执政官的权力却由二人执掌,且相互约束。此外,王的权力是绝对的,即手中始终握有对所有公民生杀予夺的权力;而执政官的权力是有限的,除了在罗马城以外或在战场上,他们没有决定公民生死的权力。两名执政官保留了王的古老标志,但在罗马城内,斧头要从法西斯中抽出。以这种方式转移到执政官手中的主要权力,已剔除了原有王权最坏的部分。还应注意的是,王原有的祭祀权力并未移交给执政官,而是授予了称为“圣王”(*rex sacrorum*)的特殊官吏,管理财务的权力,则交到了民众选举的财务官(*quaestors*)手中。

【独裁官】罗马人非常明智地看到,重大危急时刻,执政官手中的权力不足以保护国家。每逢这种时刻,罗马人便会任命一名“临时国王”——独裁官。独裁官全面控制罗马城和军队,甚至被授予掌控公民生死的权力,独裁官侍从肩上的法西斯则插着斧头。但独裁官这种超乎寻常的权力,任职期仅为 6 个月。6 个月过后,执政官重新恢复作为主要行政长官的权力。独裁官通常还任命一个副手,名为骑兵长官。但独裁官的权力在骑兵长官和其他所有人之上。

【新元老】据说,两名执政官当选后,最初所做的事情之一是将元老院充实至 300 人。最后一王的统治实际上没有元老院;元老院出现空缺时,也不适时增补人选。然而,新任职的执政官希望得到元老院的帮助,由此也希望元老院保持完整的 300 人,登记注册的新元老称为注册元老(*conscripti*),这些元老即是广为人知的“各位元老”(*patres conscripti*)。

【民众大会】共和国建立后,我们已知的两个民众大会——库里亚大会和森都利亚大会得以保留。库里亚大会失去了许多古老的权力,这些权力转移到森都利亚大会。由此,森都利亚大会通常成为民众表达自己意愿的会议。民众在森都利亚大会上选举官吏,通过一些特殊重要的法律。共和国早期,森都利亚大会是主要立法机关。

【瓦莱里乌斯·波普李克拉法】据说,布鲁图斯死后,同僚(接替克拉提努斯的)瓦莱里乌斯(Valerius)没有召集民众大会选举另一名执政官。这件事引发了人们的恐惧,担心瓦莱里乌斯自己称王。然而,人们很快发现,瓦莱里乌斯不仅没有称王的企图,而且正准备制定阻止任何人称王,并保护民众免遭任何官吏权力欺压的一系列法律。这些法律中的一项法律宣布,如果未经民众的同意,获得国家权力的任何人都应以叛国罪论处。另一项法律则赋予了每一位公民在刑事审判中,向人民申诉的权力。由于这些法律保护民众不受强权的侵害,故此,这些名曰瓦莱里乌斯法应称为罗马人自由的第一部宪章。据此,瓦莱里乌斯得到了极高的荣誉,他的名字上增加了波普李克拉(Poplicola),或人民的朋友。

【罗马领土的丧失】我们已经了解到,罗马人在诸王统治下获得的领土是广阔的。然而,在反对最后一王塔克文的斗争中,罗马人失去了许多从前的领土。罗马人失去了已征服的伊达拉里亚,已占有的拉丁姆的大部分,30座拉丁城市要求重新独立。新政府统辖范围缩小到台伯河南岸狭窄的长条地带,以及伊达拉里亚人一边的贾尼库鲁姆。

第七章　争取经济权利的斗争

一、平民的不满；二、第一次平民撤离及其后果；三、同沃尔斯其人、埃魁人和伊达拉里亚人的战争

一、平民的不满

【贵族的权势】在推翻王政过程中，平民与贵族联合在一起。但王政时代终结后，大多数胜利果实落入贵族手中。平民依然在森都利亚大会投票，却得不到任何新官职，也不能进入元老院。罗马已经步入共和国，但却是贵族共和国，而非民主共和国；主要权力不掌握在全体人民手里，却悉数落入贵族阶级之手。如果不是以自私、残酷的方式行使权力，平民或许能够服从贵族的政权。但贵族的统治如同王一样残暴，两个等级之间长时期的激烈斗争随之发生。由于贵族比平民更富有，冲突最初成为富人与穷人之间的斗争，也是平民要求进一步平等分配财富的斗争。

【平民的贫困与苦难】王政时代晚期的战争使平民陷入无助和悲惨的境地。富有贵族中大多数居住在城市，他们的财富有围墙保护。平民则居住在农村，当平民服兵役时，他们的小农场或被轻视，或遭敌人蹂躏；他们的家庭成员遭驱逐，他们的财产被毁坏。在这种情况下，平民为国家服役期间，便丧失了家庭和土地，没有了生活资料，处于贫困与悲惨的境地。

【有失公正的债务法】严酷的债务法是压在平民身上苦不堪言的负担。因战争灾难失去财产的平民，不得不向富有的贵族举债，由此沦为债务人阶层。但在早期罗马，债务人处境极其悲惨，如果不能偿还债务，将遭受被逮捕，投入监牢的惩罚，或成为债权人的奴隶。等待债务人的是锁链、鞭打和

奴役。债务法不仅本身残酷,而且将穷人永远置于贫困境地,不可能轻易解脱。

【不平等的公地分配】另一个导致平民处于窘迫境地的原因是,战争中获得的公共土地(*ager publicus*)分配不公。这种土地本来属于全体民众,且应该用于缓解穷人的困苦。但政权把握在贵族手中,他们依据自身利益分配这些土地。贵族以有名无实的租金,允许本阶层成员占有这些土地。尽管土地仍是公有,占有者不得出售,但富有的贵族占有土地时间越长,他们就越将所占有土地视为私有财产,蔑视这些土地原本属于全体罗马人民的事实。于是,普通民众被剥夺了享有参与征服的土地分配份额的权利。

二、第一次平民撤离及其结果

【第一次平民撤离】残酷的债务法引发了平民第一次反抗。由于没有合法途径讨回公道,平民决定不再服兵役,让贵族在战场上迎敌。因此,平民们丢弃了自己的指挥官,全体列队前往阿尼奥河对岸,平民们称其为圣山(*Mons Sacer*)的一座小山,计划建一座独立的城市(公元前494年)。贵族明白,军队如果没有平民,罗马将毁于一旦。所以,贵族被迫做出严肃的承诺,所有人无力偿还的债务应予以免除,释放那些监狱中关押的债务人。

【人民保民官】然而,平民第一次撤离的最重要的结果是设立了一个新官职,即人民保民官。为了保护平民不再遭受站在贵族一边的高级官吏更多的压迫,高级官吏同意在平民中任命两名保民官,并赋予新设置的保民官否决权——阻止权——当任何一个高级官吏的法案对任何公民含有不公正的内容时,保民官有权予以否决。为使保民官顺利行使手中的权力,保民官的人身不可侵犯,即不能将保民官逮捕入狱;任何妨碍保民官行使合法权力的人都将被处死。每位保民官的两名助手——营造官(*aediles*),同样在平民中选举产生。

【平民大会】在此之前偶尔召开的平民大会,现在已经具备了常设平民大会(*concilium plebis*)的性质。保民官是平民大会的召集人,并允许保民官根据人民的意愿发表演说,保民官在平民大会发表演说时〔公元前492年《伊西利亚法》(*lex Icilia*)〕,任何一位高级官吏都不得打断保民官的发言,或解散会议。平民大会同样可以通过关涉平民，但不是全体人民的各种决议。此前不久，平民大会获得了选举保民官和营造官的权力〔公元前472年普布里亚法(*lex Publilia*)〕。以这种方式，平民在国家获得了从前未曾担任过的官职。

【斯普利乌斯·卡西乌斯土地法】正如前面讲到的，平民另一个最大的不满是公共土地分配有失公允。为了消除这种不公，执政官斯普利乌斯·卡西乌斯做出了努力。斯普利乌斯·卡西乌斯(Spurius Cassius)是爱国者、政治家，钟爱人民，为民众利益操劳。为增强罗马抵御外敌的实力，他首先同诸城镇签订了新的条约，还与相邻的赫尔尼康人签订了和约。

但斯普利乌斯·卡西乌斯垂名青史的举动是提出了第一部土地法，即一部旨在改革公共土地分配方式的法律(公元前486年)。斯普利乌斯·卡西乌斯并非企图剥夺法定属于贵族的私有土地，而是准备更公正地分配原本属于国家的那些土地。该法律提出后，贵族利用自己的影响，阻止了该法律的通过。执政官职一年届满后，斯普利乌斯·卡西乌斯遭到指控，罪名是企图称王的叛国罪。斯普利乌斯·卡西乌斯遭到审问，被判处死刑，接下来是鞭打，最后身首异处。一位罗马最伟大的爱国者，却因叛国罪死于非命。但民众没有忘记斯普利乌斯·卡西乌斯，把他的名字刻在一块石碑上，放置在罗马广场，在那里保存了许多年。

三、同沃尔斯其人、埃魁人和伊达拉里亚人的战争

【罗马的外部敌人】在为缓解贫苦平民窘迫进行各种斗争过程中，罗马人的外部敌人持续威胁罗马边境。此时，罗马人的主要敌人是沃尔斯其人、埃魁人和伊达拉里亚人。沃尔斯其人占领拉丁姆接近海岸的南部平原，埃魁人占据亚平宁山脉的东北坡，伊达拉里亚人则控制着除贾尼库鲁姆之外的台伯河右岸全部领土。罗马为强敌包围，在许多年里，罗马军队为保卫家园而战斗，几乎没有离开过罗马城。由于斯普利乌斯·卡西乌斯签订了一系列条约，罗马人、拉丁人与赫尔尼康人在抵御外来入侵时，拥有了共同的事业。这些频繁发生的战争并不是持续不断的，但罗马史家却把这些记忆保存在了某些传说中，这些传说对罗马人是神圣的。如果理解罗马民族的精神与性格，就不应漠视这些传说。

【科里奥拉努斯与沃尔斯其人】罗马人同沃尔斯其人的战争给我们留下了关于科里奥拉努斯(Coriolanus)的故事。故事告诉我们,这位青年贵族反对在平民中间分发谷物,为此受到普通民众的威胁,科里奥拉努斯由是逃往沃尔斯其人处,带领一支军队攻打自己的城市。他的母亲和妻子前往沃尔斯其人营地,恳求他不要攻打罗马城,罗马由此得救。为了纪念罗马妇女的爱国主义,罗马城专门建立了一座神庙。

【辛辛纳图斯与埃魁人】罗马人同埃魁人的战争记忆保存在罗马爱国者辛辛纳图斯(Cincinnatus)的故事中。辛辛纳图斯在乡村家中应召,前往拯救被埃魁人包围的罗马军队。埃魁人在阿尔班山丘(Alban)附近阿尔基都斯(Algidus)山狭窄的隘路,对罗马军队形成了毁灭性威胁。辛辛纳图斯以最快的速度,以及非常娴熟的战争技巧打败了埃魁人的军队,迫使其在投降标志的轭下通过。然后,在第二天晚上凯旋罗马。轭由三支矛组成,两支插在地上,矛头向上,另一支横在两支矛中间。

【法比乌斯氏族与伊达拉里亚人】同伊达拉里亚人的战争与法比乌斯氏族的故事联系在一起。法比乌斯氏族(Fabii)是罗马最显赫的贵族家族之一。战争中,法比乌斯氏族以自己的氏族为代价,自愿投身同伊达拉里亚人的战争,除一人幸免于难外,其余成员悉数死于敌手。在保卫罗马战争中,法比乌斯氏族以整个氏族的牺牲赢得了尊敬。

这些应品读的故事,尽管不是史实的准确讲述,但却展示了早期罗马人推崇之至的美德。

第八章　争取法律平等的斗争

一、成文法的要求；二、十人委员会与十二铜表法；三、第二次平民撤离及其结果

一、成文法的要求

【泰伦提里乌斯·哈尔撒的提案(公元前462年)】两个等级之间的冲突持续了近50年，依然没有找到真正解决双方各种争议的办法。平民一直处于下风，因为只有贵族掌管法律，法律知识只在贵族内部流传，他们认为，法律作为珍贵的遗产，来自祖先，异常神圣，出身低微的平民不能分享。法律从未形成文字或公之于众。因此，贵族可以根据自己的意愿执行法律。对社会下层而言，这是极大的不公。毋庸置疑的是，在获得法律面前平等之前，平民没有希望。同样清楚的是，只要平民自己对法律一无所知，便无法在法律面前获得平等。于是，保民官之一的盖乌斯·泰伦提里乌斯·哈尔撒(Gaius Terentilius Harsa)提议，任命一个委员会搜集法律，并将法律向全体人民公布。尽管这一提议公平公道，但却遭到了贵族的强烈反对，长达10年的纷争与冲突接踵而至。

【对平民的让步】为使罗马城摆脱这些纷扰，元老院试图通过做出某些让步安抚平民。例如，保民官人数由两人增加至5人，后又增加至10人，使平民能够得到比从前更多的保护。接下来，一项决定将阿文丁山的公共土地给予平民，以此作为没有执行斯普利乌斯·卡西乌斯土地法的补偿。最后，任何一位高级官吏应承担的地租数量限制在2只羊和30头牛。人们认为，这些让步可以平息不满的民众，进而转移平民对争议焦点的注意力。

【**等级间的妥协**】但这些让步并未满足平民的要求，平民仍然坚持法律面前平等的要求。围绕泰伦提里乌斯提案的斗争持续了近10年，仅仅以一个妥协为终结。最后，双方同意组建一个十个人组成的委员会，称为十人委员会(*decemvirs*)，指派委员会成员起草法律，公之于众，并同时制约平民与贵族。双方还同意，委员会成员悉数由贵族担任，同意委员会编纂法律期间，完全掌控政府。贵族据此放弃所担任的执政官、财务官职务，平民则放弃保民官和营造官职务。双方结束了争吵，等待十人委员会的工作。

二、十人委员会与十二铜表法

【**赴希腊考察团**】据说，十人委员会派三人前往希腊，向梭伦请教立法，并考察希腊人的其他法典。然而，真实的故事应该是，罗马人不可能刻意借用其他国家的法律，统治罗马人自己。平民的抱怨不是罗马人没有法律，而是这些法律未落成文字，且仅仅为贵族知晓。平民想要的是应当公之于众的成文法，以便能够知道法律是什么，以及这些法律执行得正当与否。

【**十二铜表法的制定(公元前450年)**】第一次十人团或十人委员会着手委派给他们的工作，搜集到当时为止密而不宣的法律，并将这些法律镌刻在10块黄铜牌上。这些铜牌立在罗马广场，人人可见，表明对所有人具有约束力。这一年年底，第二届十人委员会受命完善这部法典，新增加了两表内容。这部完整的法律称为十二铜表法，也构成了今天世界上依然能够见到的最著名的法律体系的基础。十二铜表法没有特别新的内容，旧的债务法仍然存在，贵族与平民之间的差别并未消除。十二铜表法具有重要意义，法律终于呈现在罗马人面前，贵族和平民都知道自己的诸项权利是什么。十二铜表法的重要价值还在于，该法典构成了罗马人教育的一部分，学校里的男孩子必须记住这些法律条文。

【**第二届十人委员会的暴政**】尽管第二届十人委员会因完善十二铜表法赢得了荣誉，但委员会行使权力的方式，也使该委员会声名狼藉。在委员会所有成员宣称热爱平等的法律的同时，却对平民恨之入骨，并以令罗马人难以忍受的方式行使手中的权力。委员会成员带着12名侍从出现在广场，侍从肩扛插有斧头的法西斯。由于有了这种标志，委员会成员便拥有了对每一个公民生杀予夺的大权。十人委员会任职即将届满时,拒绝交出权柄,继续在阿皮乌斯·克劳狄乌斯(Appius Claudius)带领下,推行高压统治。一个或真实或不真实的故事是这样的:阿皮乌斯·克劳狄乌斯试图占有平民士兵的美貌女儿弗吉尼娅(Virginia),为使自己的女儿免遭玷污,这位士兵杀死了自己的亲生女儿。第二届十人委员会种种倒行逆施,最终导致自己统治的终结。

三、第二次平民撤离及其结果

【平民第二次撤离】据说,弗吉尼娅的惨死点燃了民众复仇的火焰。弗吉尼乌斯(Virginius,*弗吉尼娅之父*)手持滴血的尖刀,冲进城外的军营,号召士兵们反抗十人委员会的无耻统治。因关于圣山记忆犹新,军队再一次从城里撤出,在众多公民的跟随下,又一次占领了圣山,决定不再为保卫暴君进行战斗。罗马国家似乎再度濒临毁灭的边缘,十人委员会被迫交出权力。新一届两名执政官选举产生,两人都对平民友善。他们是瓦莱里乌斯(Valerius)和霍拉提乌斯(Horatius),罗马人民曾乐于对他们的名字表达敬意。

【瓦莱里奥－霍拉提安(Valerio－Horatian)法律(公元前448年)】平民第二次撤离导致了第二届十人委员会垮台,执政官职位得以恢复,两名执政官获得了平民比先前更多的尊重。贵族也越来越相信,平民不仅在同罗马敌人作战中勇敢,而且同样有决心捍卫自己的自由。新当选的两名执政官瓦莱里乌斯和霍拉提乌斯是作为平民的支持者出现的。人民的两项权利一直被置之不理:即向人民申诉的权利,以及保民官履行职责时,权力神圣不可侵犯。这两项权利再次得到了庄严的认定。但更重要的是,平民大会此时获得了制定约束全体民众法律的权力。人们推测,此时的平民大会已经组成,并建立在部落区域基础之上,以便将贵族、平民包括其中。这一新组建的民众大会被称为特里布斯会议(*comitia tributa*)。我们将看到,特里布斯会议的影响和地位与日俱增,最后成为共和国最重要的民众大会。我们可以将瓦莱里乌斯和霍拉提乌斯的这些法律称为罗马人自由的第二个宪章。

【通婚权】贵族与平民长期生活在一起,但由于法律禁止相互通婚,贵族与平民之间一直存在社会地位差别。伴随平民表现出某种贵族们拥有的精神价值后,这种偏见此时已不复存在。向两个等级之间平等迈出的重要一步，是一项法律〔坎努里阿法（*lex Canuleia*），公元前445年〕的通过，该法律授予两个等级之间通婚权，确保了平民与贵族社会、民事权利的平等，为政治平等铺平了道路，也使平民与贵族最后联合成为一个和谐的民族。

第九章　争取政治平等的斗争

一、执政官职之争;二、与维艾人、高卢人的战争;三、各等级之间的均衡

一、执政官职之争

【平民的胜利】平民似乎从未像现在这样,对自己的事业充满希望。十人委员会的暴政,对贵族中处境较好的阶层是有利的。新近通过的一系列法律,引导平民期待更大、更多的胜利。平民已经获得了巨大成功,但仍需要获得更多的权益,以便在国家享有充分的平等。如果查看下表中所包括的罗马全权公民所拥有的各项权利,我们也许可以更好地理解平民已经获得了哪些权利,还有哪些权利尚未得到:

- 公民权(*civitas*)
  - 公权利(*iura publica*)
    - 担任官职的权利(*honores*)
    - 投票权(*suffragium*)
  - 私权利(*iura privata*)
    - 通婚权(*conubium*)
    - 经商权(*commercium*)

平民已经拥有了最基本的权利——经商权(*commercium*),他们可以拥有自己的财产,并像任何一个罗马公民一样,将财产用于交易。平民刚刚获得了通婚权(*conubium*),或曰与贵族合法通婚的权利。平民也获得了在森都利亚会议和特里布斯会议投票的权利(*suffragium*)。至于担任共和国高级官职的被选举权(*honores*),或曰担任官职的权利,平民无缘,只能当选低级官吏,即当选保民官和营造官,无法跻身更高级的官职,如执政官、财务官等。平民现在想要的是,与贵族共同担任更高级的官职,尤其是执政官。

【拥有执政官权力的军事保民官(公元前444年)】贵族同意任命某些新的类似执政官的官职,这些官职或从贵族中选举,或从平民中选出,以此取代平民分享执政官职。新官职称为"拥有执政官权力的军事保民官"。该官职在森都利亚大会选举产生,平民和贵族均可参与投票。但同时也规定,如果元老院认为此过程对国家有利,森都利亚大会依然选举执政官取代新设置的军事保民官。我们能够很容易了解到该计划是如何实施的。控制元老院的贵族在任何时候,都能够决定执政官不可或缺,抑或可以控制选举,并根据贵族的人数选择军事保民官。事实上,此后若干年,元老院能够决定执政官的选举。但后来军事保民官的选举成为一项规定,平民在政治、政权等方面的影响逐步加强。

【监察官职与新设财务官】眼见平民的实力日益强大之后,贵族准备推行一项新的计划,尽可能多地将权力把握在自己手中。为达此目的,贵族设置了一个新官职——监察官(公元前443年),将此前执政官行使的一些重要权力转移到两名监察官手中。监察官负责人口财产调查,即评估每个公民的财产,将每个公民编排在百人队中的相应等级,是属于骑士,还是步兵,并提名谁有资格进入元老院。新设监察官每五年选举一次,且在贵族中产生。贵族同意增设另一新官职——两名财务官(公元前421年),并且在平民中选举产生,从而多少抵消了贵族的优势地位。所以,十人委员会之后的一个时期,是充满了各种精明的诡计和折中方案的历史时期,但平民正在稳中有升地获得新的权利和特权。

【斯普利乌斯·麦利乌斯的命运】贵族无法与影响力日益增大的平民达成真正的和解,斯普利乌斯·麦利乌斯(Spurius Maelius)的故事证实了这一点。一场大饥荒肆虐罗马期间,许多贫困公民以自杀求得解脱。富有的平民斯普利乌斯·麦利乌斯用自己的金钱购买粮食,然后分发给穷苦人。麦利乌斯的慷慨大度赢得了民心,却使贵族对他的声望产生了恐慌,指控他图谋登基称王。有人宣称,在麦利乌斯家里举行了一次秘密会议,共和国由此处于危险之中。于是,要求任命一名独裁官。曾经在阿尔基都斯山解救遭围困军队的年迈的辛辛纳图斯当选为独裁官,塞尔维里乌斯·阿哈拉(Servilius Ahala)被任命为辛辛纳图斯的副手或曰骑兵长官。麦利乌斯随后被传唤到独裁官面前,答复叛国罪的指控。由于预见到了自己身处险境,麦利乌斯恳求民众的保护。塞尔维里乌斯·阿哈拉却拔出短剑,刺进了麦利乌斯的心脏。麦利乌斯的厄运第一次让民众感到恐惧,但民众不久便燃起了复仇的情绪,塞尔维里乌斯·阿哈拉被放逐。斯普利乌斯·麦利乌斯的名字也由此同第一部土地法的颁布者 Sp. 卡西乌斯(Sp. Cassius)的名字联系在一起。两人都因企图称王的罪名遭指控,也都因慷慨大度死于非命。

二、与维艾人、高卢人的战争

【罗马人收复领土】十人委员会垮台后实施的各项改革,给平民带来了新的希望,新的生活和活力鼓舞了全体罗马人。军队在战场上开始频传捷报,罗马收复了曾经失去的大片拉丁姆领土。斯普利乌斯·卡西乌斯(Spurius Cassius)组建的罗马人、拉丁人与赫尔尼康人(Hernicans)之间的三角同盟,此时只控制着沃尔斯其人和埃魁人。现在的罗马人有信心进攻伊达拉里亚人,以期收复多年前塔克文被迫放弃的领土。罗马人占领了罗马城北部几英里外的伊达拉里亚城市菲迪内(Fidenae),打开了进攻伊达拉里亚最强大城市维艾的道路。

【攻占维艾(公元前 405 年至公元前 396 年)】维艾人不希望在空旷的野外遭遇罗马人,于是全部撤回至城墙内。所以,围攻维艾城势在必行。伊达拉里亚人的城墙异常坚固高厚,难以攻克。罗马军队则在城市周围安营扎寨,企图通过饥饿迫使维艾人投降。罗马士兵不允许返回家乡耕种自己的土地,士兵们也不愿意回乡务农,于是,士兵们第一次得到了服兵役的固定军饷。围城持续到第 10 年时,机会给予了被任命为独裁官的卡米卢斯(Camillus)。维艾城的居民被掠走,城市变成一座空城。占领维艾城是罗马人从未获得的巨大成功,卡米卢斯返回罗马时,得到了恢宏的凯旋式。伊达拉里亚南部土地落入罗马人之手,4 个新的乡村部落纳入罗马版图。

【高卢人摧毁罗马城(公元前 390 年)】如果说占领维艾城是罗马人从未获得的伟大胜利,那么我们现在要看到的则是罗马人从未经历过的、一场空前的劫难。罗马人之所以能够夺取维艾城,原因之一是伊达拉里亚人的大部分被迫面对北方边境的一个新敌人,一个比南方的罗马人更令伊达拉里亚人恐惧的敌人,这个敌人就是高卢人,一个已经控制了波河流域的蛮族,并且像一股飓风一样,向南掠过亚平宁山脉。高卢人入侵的信息传至罗马,罗马人决定帮助伊达拉里亚人抗击共同的敌人。罗马军队在距罗马城约 11 英里处的一条小河——阿利亚河(Allia)与高卢人遭遇,罗马军队惨败。高卢人直逼罗马城。高卢人攻进罗马城，大肆劫掠，并放火焚烧城市，唯有卡皮托林山幸免。高卢人围困卡皮托林7个月，传说，是M.曼利乌斯(M. Manlius)保住了卡皮托林。曼利乌斯在睡梦中被圣鹅的叫声惊醒，及时击退了高卢人的一次夜袭。最后，掠获颇丰的高卢人勒索了巨额赎金后，和平撤出；或如同一个传奇所说，维恩提尼(Veientine)战争的英雄卡米卢斯将高卢人逐出罗马。高卢人摧毁罗马城，不仅是罗马人的灭顶之灾，而且是整个世界的巨大灾难，因为在此期间，古代罗马城的记载彻底消亡，致使古代罗马早期历史的许多往事变得模糊不清。

【罗马复原】类似高卢人入侵这样的灾难性事件，足以使其他任何一个民族失去信心，但罗马在高卢人猛烈攻击下暂时屈服，一旦灾难过去，便很快恢复元气。许多罗马人希望放弃化为灰烬的城市，将自己的家搬迁至空城维艾。但最终的决定是，罗马是罗马人的城市。罗马城很快从废墟中崛起，以至于对重建工程缺乏深思熟虑，新建的街道狭窄，且缺乏规整。

罗马人似乎急于重新开始扩张自己的势力。罗马人以顺利地征服维艾为开始，但阿利亚河的惨败，中断了罗马人的扩张行动。罗马人组织了新的军队，很快打败了试图利用罗马人时下艰难处境的宿敌沃尔斯其人、埃魁人和伊达拉里亚人。英雄卡米卢斯在自己的美名上，又新增加了一系列荣誉。罗马人收复了伊达拉里亚南部，这里的城镇成为军事殖民要塞。许多拉丁姆城镇归属罗马，并把自己的故土给予贫困的罗马人。罗马看上去已经准备好着手征服事业。但贫穷与困苦的重新出现要求政府予以注意，并显露出进一步改革的必要性。

三、各等级之间的均衡

【渴望联合】罗马的强大依赖人民的联合，和睦而非争斗是罗马力量的源泉，已经成为日益明显的趋势。两个等级也开始认识到，彼此各种利益是一致的。在后来通过债务法过程中，双方冲突并不激烈，甚至给予平民征服土地的处分权；对平民开放一系列公共官职方面，也表现出了某种进步。贫困民众痛苦地感受到了高卢人入侵造成的巨大财产损失和劫掠，感受到整个国家陷入的贫穷与苦难。旧有的种种不满再次被唤起，一批新的改革者出现在历史舞台上。

【M.曼利乌斯的尝试】第一个试图缓解贫苦民众苦难的是，卡皮托林的保护者马尔库斯·曼利乌斯。据说，曼利乌斯通过无息借款的方式，从监狱中解救出400多名自己的同胞。曼利乌斯卖掉了个人财产,把所得收益用于援助债务人。但作为一名慈善家,曼利乌斯不久变成了一名社会上的煽动者,他慷慨激昂的演讲试图煽动民众反对政府。因此,贵族寻找机会置曼利乌斯于死地。贵族指控曼利乌斯阴谋反对国家,曼利乌斯最终被处死。尽管他的动机和方法无可指责,但他的追随者仍然把他与Sp.卡西乌斯和Sp.麦利乌斯并列为人民的朋友,因觊觎王位的不公正指控,被判处极刑。

【李锡尼乌斯法案(公元前367年)】下层民众依然延续的苦难说明,仅仅通过慈善行为,或通过激起民众的情绪解除贫苦于事无补。在两名才智超群的保民官C.李锡尼乌斯·斯图罗(C. Licinius Stolo)和L.塞克斯提乌斯(L. Sextius)领导下,采取了更加彻底的改革模式。两名保民官是有能力且宽宏大量的政治家,不仅解除民众的苦难,而且希望推进改革。

首先,两人认为,必须给予无助的债务人阶层某些救济。但因无法取消全部债务,两人提议,已付利息从应付本金中扣除,其余本金允许三年内偿还。

其次,两人认为,在分配属于平民和贵族的公有土地过程中,应有某些限制性规定。所以,两人提出,各个等级应平等占有公共土地,而且任何人占有公共土地的数量不得超过500尤格(大约300英亩),同时,拥有奴隶和不动产数量应受到限制。据此,贫苦的自由民获得了更多的为自己赢得某些权益的机会。

最后,两人认为,在平民获得国家最高官职之前,不可能得到完整意义上的公正。他们提出,新设立的军事保民官应废除,从此后毫无例外地选举执政官,且其中一人必须是平民。

如此重要的立法方案自然会遭遇强烈反对,但短短几年的纷争之后,两人的一系列提议终于变成了法律。这一卓越的法律可以称为罗马人解放的第三部宪章。

【大法官和牙座营造官】贵族们不甘心失去一切,将执政官的司法权转移到一个新设的、被称为大法官的官吏手中(*praetor*,公元前367年)。大法官仍然由贵族出任,同时还配备了两名贵族营造官(称为牙座营造官,*curule aediles*),维持城市治安,用以抗衡平民担任的营造官。尽管彻底的平等依然没有实现,但等级之间的斗争实际上已经终止,曾经出任独裁官,并为调解民众争端做了许多事情的、非凡的卡米卢斯向和谐之神献祭。

【各等级之间最后平等】李锡尼乌斯法案通过之后,仍有少数官职把握在贵族手中。这些官职是:独裁官、监察官、大法官和牙座营造官。然而,这些官职在不久之后,也都陆续向平民开放,消除了两个等级之间最后一道障碍。此后,平民与贵族两个等级之间不再有社会的、政治上的冲突。伴随李锡尼乌斯法的问世,以及紧随其后的各项法律的通过,罗马依赖家族关系的旧贵族退出了历史舞台。贵族与平民联合成为一个紧密的公民团体,是罗马人比征服维艾人或任何一次征服外敌都伟大的胜利。罗马也借此征服了自己,消除了暂时的内部纷争,罗马准备成为这个世界的统治者。

第四阶段:征服意大利半岛(公元前343年至公元前264年)

第十章 征服拉丁姆

一、罗马人征服的开始;二、大拉丁战争(公元前340年至公元前338年);三、绥靖拉丁姆

一、罗马人征服的开始

【新历史时期的性质】接下来的历史是罗马人开始大征服时代的历史。在这一历史时期,罗马把自己的版图从台伯河畔,扩张至意大利半岛的沿海地带。我们将看到,罗马是如何成为世界上伟大的征服者的。因此,呈现在我们面前的时代充满了军队的厮杀和各种战争故事。但这个时代同样是罗马人学习新的治国与法律经验的时代。此间,罗马人接触到了更开化的民族,也使自己的文明大有长进。

【台伯河周围的罗马领土】了解罗马人的征服过程,我们首先应知道这一时期开始时罗马的领土范围。罗马人已逐步收复了因王政废黜丧失的台伯河周围大部分领土。此时,罗马的领土不仅包括了拉丁姆一部分,而且包括伊达拉里亚北部和沃尔斯其南部乡村一部分。这一阶段初期,罗马版图范围有限,但27个当地部落:23个乡村部落和4个城市部落却紧密有序地组织在一起。这一时期,罗马最危险、最难对付的邻邦是北方的伊达拉里亚人和南方的萨谟奈人。

【坎帕尼亚的第一次萨谟奈战争(公元前343年至公元前341年)】罗马人在扩张领土过程中,遇到的第一个对手是意大利中部异常好战的萨谟奈人。正如我们所知,第一次萨谟奈战争几乎称不上大拉丁战争和征服拉丁姆的一个序曲。萨谟奈人走出居住的山区,从东南方向涌入坎帕尼亚平原。萨谟奈人从伊达拉里亚人手中夺取了卡普亚(Capua),从希腊人手中夺取了

库麦。因迷恋坎帕尼亚平原风和日丽的气候,以及希腊人的文雅举止,进入坎帕尼亚平原的萨谟奈人失去了原有的勇猛,疏远了古老的民族传统。坎帕尼亚平原的萨谟奈人与居住在山区的、传统的萨谟奈人反目为仇。山区的萨谟奈人向罗马求援,并允诺成为罗马人的臣属。尽管罗马先前与萨谟奈签订了和约,但罗马毫不迟疑地撕毁了和约,公开宣称,罗马对新的臣属所承担的义务,远大于对老盟友承担的义务。于是,为争夺中部意大利的霸权,罗马人与萨谟奈人之间发生了冲突——一场发生在坎帕尼亚平原的冲突。

【高鲁斯山与苏素拉山战役】关于这场战争的细节,我们知之甚少。依据一个并不十分可信的传说,罗马人派两支军队前往战场:一支保护坎帕尼亚,另一支入侵萨谟奈。据说,第一支军队在库麦附近的高鲁斯山(Gaurus)迎战萨谟奈人,大获全胜。萨谟奈人撤回山区,在苏素拉山(Suessula)重整旗鼓,但仍被两支会合的罗马军队击败。据说,罗马人的胜利异常辉煌,以至迦太基人不仅送来了贺信,还赠送了一顶金质皇冠。尽管这些故事不可能全部是真实的,但可以肯定的是,罗马人得到了坎帕尼亚中部和北部的控制权。

【罗马军团的兵变】然而,罗马人的这场胜利却被驻扎在卡普亚,准备越冬的士兵反叛所消解。反叛士兵以占领卡普亚城作为服役的酬劳相威胁。反叛士兵只是提出通过一项正式的法律,宣布每一个士兵都应合理地分享战争胜利果实,得到固定的军饷,以及一份战利品;不应违背士兵的意志,将士兵排除在外。

【罗马撤出战场】战场上罗马士兵的不满情绪很快在拉丁同盟中扩散。拉丁人曾经在战争中帮助过罗马人,充当战争主力。罗马军队处于兵变状态时,拉丁人成为坎帕尼亚应对萨谟奈人的主要保护者。所以,萨谟奈人开始依赖拉丁人的保护,拉丁人取代了罗马人,萨谟奈人与拉丁人联合起来,与罗马人作对。在这种形势下,罗马人认为,在着手同外敌交战之前,必须平息自己的盟友。所以,罗马与萨谟奈人签订和约,撤出战场,准备征服拉丁姆。

二、大拉丁战争(公元前340年至公元前338年)

【拉丁人的要求】罗马与拉丁诸城市之间的关系,不同时期各有不同。

我们记得,很早的时候,罗马是拉丁同盟盟主。后来,通过 Sp. 卡西乌斯签订的平等的联盟和约,罗马与拉丁同盟实现联合。但该和约先是被终止,后又继续生效。拉丁人认为,罗马人企图恢复旧有的盟主地位,这也是拉丁人不能容忍的。所以,拉丁人决定现在就要求与罗马人完全平等地位,如果遭到拒绝,就宣布独立。首先。拉丁人派出一个使团到罗马,要求在绝对平等的基础上,罗马人与拉丁人联合成为一个共和国,一名执政官和元老院的半数元老在拉丁人中选出。罗马人轻蔑地拒绝了这一要求。元老曼利乌斯(Manlius)宣称,他将刺死第一个得到允许进入元老院的拉丁人。遭到断然拒绝后,拉丁人宣布放弃对罗马朱庇特神的忠诚,着手准备独立战争。

【参战各方】罗马人撤出第一次萨谟奈战争,同萨谟奈人签订和约后,拉丁人继续代表坎帕尼亚人作战。因此,拉丁人、坎帕尼亚人继续保持友好关系,并成为罗马和萨谟奈的共同敌人。正是这一偶然的机会,罗马在从前的敌人帮助下,才有能力同先前的盟友拉丁人开战。

【维苏威山之战与击败拉丁人】此时,在拉丁姆已成为罗马敌对国家后,罗马军队在曼利乌斯·托尔夸图斯(Manlius Torquatus)和戴西乌斯·穆斯(Decius Mus)指挥下,向拉丁姆东北边界附近进发,与萨谟奈军队会合。罗马两支军队在萨谟奈会师后,挺进坎帕尼亚。罗马与萨谟奈军队在维苏威山附近获得了决定性胜利。被逐出坎帕尼亚的拉丁人以坚定的勇气,继续进行战争,但却徒劳无益。提布尔(Tibur)、普莱尼斯提(Praeneste)、阿里西亚(Aricia)、拉努维乌姆(Lanuvium)、维利特来(Velitrae)和安提姆(Antium)相继被占领。在第三年里,最后一座城市佩都姆(Pedum)投降,拉丁人的反抗就此终结。

【曼利乌斯和戴西乌斯的故事】广为流传的与这场战争相关的两个著名故事,说明了罗马人性格的两个特点——不可动摇的权威和爱国者的忠诚。两个故事中第一个讲的是,指挥军队的执政官之子提图斯·曼利乌斯(Titus Manlius)的故事。年轻的曼利乌斯违背父亲的命令,独自一人离开队伍,和敌人交战。曼利乌斯杀死了敌人,把战利品带到父亲面前。曼利乌斯的父亲非但没有祝贺儿子的胜利,反而因儿子违抗命令,将其判处死刑。从这时起,“曼利乌斯的命令”便成为最严厉纪律的同义词。另一个故事说的是,执政官戴西乌斯·穆斯为回应神奇的幻象,用自己妻子的生命做牺牲,以使罗马军队获得胜利。

三、绥靖拉丁姆

【罗马的绥靖政策】大拉丁战争的主要后果是打破了拉丁同盟，罗马人采取更有效的手段统治拉丁城镇。拉丁人此起彼伏的反叛已经说明，与结成同盟或联盟的数量较多的拉丁城镇打交道危险重重。唯一的安全做法似乎是消灭这种同盟，分别对待每一座城镇。这便是罗马人的“孤立（*isolation*）”政策。同样显而易见的是，所有的城市并不平等地享有罗马公民权，区别在于全权公民权和非全权公民权。罗马人以各种不同的方式对待拉丁姆和坎帕尼亚臣服的各个城镇。

【彻底合并的城镇】首先，拉丁姆的许多城镇已彻底并入罗马国家，城镇居民成为罗马全权公民，享有罗马公民各种私权利和公权利，包括经商权和与罗马人通婚的权利，拥有在罗马民众大会的投票权，以及担任各种官职等权利。这些城镇居民的土地成为罗马领土的一部分。新并入的领土编入两个新的部落，使此时的部落总数达到29个。

【部分合并的城镇】但大多数拉丁姆城镇只获得了部分罗马公民权。这些城镇的居民，得到了经商权和与罗马公民的通婚权，但没有投票和担任官职的权利。这种全权或非全权公民权〔此前曾授予卡莱城镇（Caere）〕已成为著名的拉丁公民权。

【拉丁与罗马人的殖民地】为了保证尚未归顺罗马的那些城镇臣服，或在边境建立居民点，罗马人的惯例是派出一支公民兵部队占领城镇，这种做法即著名的军事殖民地或拉丁殖民地，这种殖民地由拥有拉丁公民权的人群构成。与此同时，罗马在海岸建立的沿海殖民地或罗马殖民地，如同称谓一样，完全由罗马全权公民组成。

【独立的盟友】也另有一些城镇根本不与罗马人合作。罗马人允许这些城镇保留自己的地方政权，但不得不同罗马人签订条约，依据条约，这些城镇被迫将公共土地割让给罗马，并在战争中向罗马提供援助。

对待各种不同臣属地区的明智做法，进一步巩固了罗马与拉丁城市的关系，也是后来在意大利和地中海世界更全面实施的管理体制的重要政策之开端。

第十一章　征服中部意大利

一、第二次萨谟奈战争(公元前326年至公元前304年);二、第三次萨谟奈战争(公元前298年至公元前290年);三、萨谟奈战争之结局

一、第二次萨谟奈战争(公元前326年至公元前304年)

【中部意大利纷争再起】罗马或萨谟奈,到底谁应该是中部意大利的霸主,依然悬而未决。由于拉丁战争,罗马与萨谟奈之间的第一次争斗因拉丁战争中断,随之而来的是12年的和平。萨谟奈人眼见罗马越来越强大,但却无法阻止这一切,因为萨谟奈人自己也面临着一个新敌人的威胁。亚历山大大帝(Alexander the Great)的叔父,埃皮鲁斯(Epirus)的亚历山大入侵意大利,支援塔林敦,并希望在东方建立一个新帝国。罗马同样把亚历山大视为潜在的敌人,很快与亚历山大签订了共同对付萨谟奈人的条约。但亚历山大死后,塔林敦人自己谋求出路,此时的萨谟奈人则可以毫无顾忌地动用全部军队,在争夺中部意大利霸权的决定性战争中对付罗马。

【坎帕尼亚再燃战火的原因】和第一次萨谟奈战争一样,第二次萨谟奈战争的直接原因源于坎帕尼亚的各种纷争。坎帕尼亚有两座孪生城市:帕莱波利斯(Palaepolis,一座古城)和那不勒斯(Neapolis,一座新建的城市)仍然掌控在希腊人手中,但接受萨谟奈人的保护。在两座城市中,罗马的定居者与当地居民之间争执不断。帕莱波利斯向萨谟奈人求援,并将一座坚固的要塞给予萨谟奈人。罗马人强令撤销这一要塞,萨谟奈人断然拒绝。罗马人宣战,出兵围困帕莱波利斯,该城很快被Q.普布里乌斯·菲罗(Q. Publilius Philo)攻占。

【考迪昂峡谷之战(公元前321年)】战争初期,罗马军队几乎无往而不胜。罗马人同南方的阿普里亚人(Apulians)、卢卡尼亚人结盟,夺取了阿普里亚的坚固城池鲁赛利亚(Luceria),罗马军队及其盟友包围了萨谟奈人。尽管罗马人取得了上述胜利,但萨谟奈的杰出将领彭提乌斯(Pontius),却让罗马人遭受了从未有过的羞辱和失败。罗马人在坎帕尼亚的两名执政官为所有萨谟奈军队被包围的虚假传闻所误导,决定穿过萨谟奈中心地区,火速增援自己人。在通过考迪昂附近山中一个名曰考迪昂峡谷(Caudine Forks)时,全部罗马军队陷入彭提乌斯设下的包围圈,被迫投降,不得不在轭下通过。执政官被迫签署条约,交出全部已占领的萨谟奈领土。但罗马元老院拒绝批准这一条约,并把罗马人厌恶的两名执政官交给萨谟奈人。然而,彭提乌斯不接受将两名执政官作为撕毁条约的补偿,要求或遵守条约,或让全部罗马军队返回曾经投降的考迪昂峡谷。罗马拒绝了这些要求,战争继续进行。

【伊达拉里亚人暴动】撕毁同萨谟奈人的条约,军队恢复元气之后,罗马期待即刻赢得战争胜利,但却让罗马人大失所望,此时所有的一切似乎都转向了罗马的对立面。坎帕尼亚多座城市反叛,萨谟奈人占领了阿普里亚的鲁赛利亚,以及利里斯(Liris)的弗里吉莱(Fregellae),并在安旭尔(Anxur)附近的拉丁姆南部大胜罗马人。伊达拉里亚人帮助萨谟奈人攻陷了罗马人在苏提里乌姆(Sutrium)的要塞,给罗马人平添了更多的麻烦。伊达拉里亚人的敌对态度,唤醒了罗马人新的活力。在Q.法比乌斯·马克西姆斯·鲁利亚努斯(Q. Fabius Maximus Rullianus)领导下,局势向着有利于罗马人的方向转变。罗马人多次战胜伊达拉里亚人,并以瓦狄莫尼斯(Vadimonis)湖决战的胜利结束战争,伊达拉里亚臣服罗马。

【夺取波维亚努姆与结束战争】此时,罗马人不惜一切代价,奋力夺回失去的南方土地。在日后被任命为独裁官的执政官L.帕皮利乌斯·库尔索(L. Papirius Cursor)指挥下,罗马人重新夺回鲁赛利亚和弗里吉莱,在卡普亚击溃萨谟奈人,将其逐出坎帕尼亚。随后,罗马人将兵锋指向萨谟奈,并夺取了萨谟奈人的主要城市波维亚努姆(Bovianum),粉碎了萨谟奈人最后一线希望。萨谟奈人求和,被迫放弃所征服的全部土地,与罗马缔结了城下之盟。

二、第三次萨谟奈战争
（公元前298年至公元前290年）

【意大利人的反罗马联盟】尽管罗马人在此前的战争中获得了成功，但确保罗马在中部意大利的霸主地位，还要进行一场更艰苦的战争。这场战争即著名的第三次萨谟奈战争。事实上，这是一场罗马与意大利主要民族——萨谟奈人、翁布里亚人、伊达拉里亚人和高卢人之间的战争。意大利人察觉到，不是罗马人被征服，就是整个意大利世界接受台伯河畔这座城市的统治。这是一场名副其实的意大利人为了独立所进行的战争。

【卢卡尼亚战争之起因】罗马和萨谟奈都意识到，为了即将到来的真正的战争，必须加强自己的实力。罗马人能够依靠拉丁人、沃尔斯其人，以及南方的坎帕尼亚人，也可以让东方埃魁人、马西亚人（Marsians）归顺罗马。因此，罗马把所有的军队牢牢地掌控在自己的手中。与罗马相反，萨谟奈人所能依靠的军队却散布在意大利半岛的一端到另一端。萨谟奈人决定，首先击败他们的北方近邻，已经在先前的战争中与罗马人结盟的卢卡尼亚人。萨谟奈人控制卢卡尼亚人的企图，导致罗马人向萨谟奈人宣战。

【战火燃至伊达拉里亚】此时，萨谟奈人为消灭他们痛恨的敌手，做出了最英勇的努力。萨谟奈人在战场上投入了三支军队：一支包围萨谟奈；另一支入侵坎帕尼亚；第三支挺进伊达拉里亚。萨谟奈人希望第三支军队与翁布里亚人、伊达拉里亚人和高卢人联合，从北方攻击罗马。这是一个大胆的计划，也给罗马城敲响了警钟。商业活动停止了，罗马公民悉数被征召入伍。执政官Q.法比乌斯·鲁利亚努斯（Q. Fabius Rullianus）与维苏威山战役中，以自己的妻子做牺牲的英雄戴西乌斯·穆斯之子，执政官戴西乌斯·穆斯指挥罗马军队，进入伊达拉里亚。萨谟奈人的军队很快瓦解，萨谟奈人和高卢人越过亚平宁山，撤至森提努姆（Semnium）。

【森提努姆之战（公元前295年）】著名的森提努姆战役决定了意大利的命运。法比乌斯与右翼的萨谟奈人对峙，戴西乌斯·穆斯面对的则是左翼的高卢人。法比乌斯守住了阵地，而戴西乌斯·穆斯指挥的罗马人的右翼，却在高卢战车可怕的冲击下后撤。戴西乌斯牢记父亲的榜样，战死疆场，罗马人的防线得以恢复。战争最后的决定权落入罗马人手中，萨谟奈人领导下统一意大利的希望彻底破灭。

【**意大利同盟之终结**】森提努姆决战之后，高卢人散去，翁布里亚停止了抵抗，伊达拉里亚人第二年求和。然而，萨谟奈人还在自己的领土上继续着无谓的抵抗。最后，萨谟奈人被迫向库里乌斯·邓塔图斯（Curius Dentatus）投降，向罗马求和。由卢卡尼亚人领导，试图组建另一个反罗马联盟的企图也遭到失败，罗马人需要做的是规划这些新得到的领地。

三、萨谟奈战争之结局

【**罗马在中部意大利的地位**】萨谟奈战争的重要结果，是使罗马人获得了控制中部意大利的地位。罗马允许萨谟奈人保留自己的领土和政治独立，但萨谟奈人被迫放弃全部有争议的土地，不得不成为罗马的臣属盟友。萨谟奈人是一个勇敢的民族，进行过多次孤注一掷的战争，但缺乏罗马人的组织技能和才智。在争夺霸权战争中，罗马人由于坚持不懈，以及困难与危难之际不屈不挠的精神而获得成功，但更重要的则在于，罗马人具备联合统治区域内一切力量的超凡能力。

【**罗马版图的扩大**】作为上述各种战争的结果，罗马在两个方向扩张了领土。在意大利半岛西部，大部分坎帕尼亚领土纳入罗马版图，卢卡尼亚人成为罗马的臣属盟友。在东方，获得了部分公民权的萨宾人并入罗马，几年后，成为全权公民。翁布里亚同样也臣服了罗马。罗马的疆土从海边至海边，横跨意大利半岛。皮塞努姆和阿普里亚的居民则成为罗马人的臣属同盟者。

【**新殖民地**】与惯常的策略相一致，罗马通过建立一系列新殖民地，确保了自己的安全。这些新殖民地中的两个在东部：一个是位于利里斯河口的闵图尔内（Minturnae）；另一个是坎帕尼亚的西努萨（Sinuessa）。在南方，罗马人将一个殖民地设置在维努西亚（Venusia），这里也是迄今为止，罗马人从未建立过的最强大的要塞。该要塞驻扎了两万拉丁公民，由此切断了萨谟奈与塔林敦之间的联系。

第十二章　征服南部意大利

一、罗马与塔林敦关系破裂；二、皮洛士战争（公元前 280 年至公元前 275 年）；三、最终降服意大利

一、罗马与塔林敦关系破裂

【意大利南部的希腊诸城市】此时，除去南部的希腊人诸城市，整个半岛的意大利部分实际上已在罗马人掌控之中。这些希腊城市是希腊文化和艺术的中心。坐落在沿海的这些城市忙于商业活动，富足和殷实时常引来文明程度较低的邻人卢卡尼亚人、布鲁提乌姆人的劫掠。由于缺乏强有力的组织能力，这些城市对此习以为常。一旦遭受攻击，便会向某个强大势力求援。有时，这些城市会求助于希腊裔王侯，如向埃皮鲁斯的亚历山大求助等。但当图里（Thurii）受到卢卡尼亚人威胁时，图里寄希望于罗马人的怜悯。罗马迅速介入，不仅在图里安排驻军，而且在其他沿海城市，如克罗吞（Croton）、洛克里（Locri）、莱吉姆（Rhegium）等城市设防。

【罗马与塔林敦】意大利的希腊城市中，最重要的城市是塔林敦。罗马势力在南部海岸快速发展，引起了塔林敦的恐慌。塔林敦四周已遍布罗马驻军，塔林敦发现，是对罗马人打开城门，或在某个希腊盟友的帮助下坚持独立，做出决定已势在必行。塔林敦已与罗马签订了商贸条约，该条约禁止罗马的船只通过拉西尼亚（Lacinian）海角。但该条约无法阻止罗马军队在陆路威胁塔林敦。

【罗马与塔林敦关系破裂的原因】在塔林敦问题悬而未决之时，一支开往翁布里亚的罗马舰队停泊在塔林敦港。塔林敦人为罗马人违背条约的行为所激怒，马上袭击了这支舰队，夺取了 5 艘舰船，船员或被处死，或被卖身

为奴。罗马人派往塔林敦要求赔偿的使团，遭到粗暴羞辱。罗马人随即宣战，派出一支军队征服这座傲慢无礼的城市。

【塔林敦向皮洛士求援】塔林敦人面前现在只有一条路可走，即向希腊寻求保护。这一时期，皮洛士(Pyrrhus)任埃皮鲁斯国王。皮洛士是一个有才能且野心勃勃的统治者，一直渴望在东方建立一个帝国。当塔林敦求助时，皮洛士不仅准备援助塔林敦人，而且企图营救落入罗马人之手的意大利境内所有希腊城市，甚至还准备解救迦太基强权之下的西西里诸城市。于是，战争从开始时的罗马人攻打塔林敦的战争，转变为一场罗马人与那个时代最出色的将领皮洛士之间的战争。

二、皮洛士战争(公元前280年至公元前275年)

【皮洛士登陆意大利】皮洛士率领一支从希腊各地招募而来，由2.5万人、20头战象组成的雇佣军登陆意大利。塔林敦置于最严格的军事纪律管束之下。皮洛士的对手罗马，也为迎战入侵者做了最充分的准备。罗马人加固了要塞，并向伊达拉里亚派出一支军队，平定北方发生的叛乱，而军队主力则由执政官瓦莱里乌斯·莱维努斯(Valerius Laevinus)指挥，前往南部意大利。

【赫拉克里亚战役(公元前280年)】意大利人与希腊人的首次交锋发生在塔林敦附近的赫拉克里亚(Heraclea)。在这里，罗马军团第一次接触到马其顿方阵。罗马军团划分为三个分离的阵线，呈散开队形，投掷出标枪后，士兵们用短剑同敌人近距离交战。与罗马军团不同的是，马其顿方阵呈密集队形，以相互连接的盾牌组成坚固的士兵集合体，纵深为20或30列。方阵士兵使用的长矛很长，前五列士兵长矛矛头伸展到了第一列士兵前面。皮洛士把战场选择在了开阔的平原上。罗马军队对坚不可摧的方阵发动了七次冲锋。当罗马人的进攻衰弱后，皮洛士出动战象攻击罗马骑兵，罗马骑兵在混乱中溃退，其余的罗马军队随之逃散。虽然罗马人在此次战役惨败，但却表现出了巨大的勇气和出色的纪律性，皮洛士惊呼：“如果我拥有这样的军队，我可以征服世界！”

【西尼亚斯的使命】此次战役也令皮洛士蒙受了巨大损失，使他确信，依他现在掌控的军队不足以征服罗马人，最好把注意力转移到西西里的迦太基人身上。据此，皮洛士决定把战场上的胜利作为手段，与罗马体面地讲和。皮洛士派自己最信任的大臣西尼亚斯(Cineas)前往罗马,以罗马人放弃所征服的意大利南部地区为条件,向罗马人提出媾和建议。据说,西尼亚斯用舌头征服的国家,比皮洛士用刀剑征服的国家还要多。西尼亚斯的话非常有说服力,罗马元老院似乎准备接受他的请求。但西尼亚斯颇有吸引力的演讲,却被年迈的盲人元老阿皮乌斯·克劳狄乌斯(Appius Claudius)严厉的说辞所打断。克劳狄乌斯宣称,元老院从未在罗马的领土上同敌人媾和。西尼亚斯向皮洛士递交了一份报告,声言罗马元老院是一个以国王名义的集合体。为了给西尼亚斯的各项要求增加砝码,皮洛士把军队开进了坎帕尼亚,甚至进入拉丁姆。但当发现这些城市都忠于罗马时,皮洛士再次撤回塔林敦。

【阿斯库鲁姆战役(公元前279年)】在南部意大利,皮洛士得到了布鲁提乌姆人、卢卡尼亚人等希腊人城市,甚至得到了萨谟奈人的支持。翌年,皮洛士进军罗马要塞鲁塞里亚方向的阿普里亚。敌对双方的军队在鲁塞里亚南方几英里处的阿斯库鲁姆(Asculum)相遇。阿斯库鲁姆战役是赫拉克里亚战役的翻版。罗马军团对希腊人方阵的进攻徒劳无益,随即被罗马人无法抵挡的战象打垮。尽管罗马再次遭遇惨败,但皮洛士也为胜利付出了巨大代价,使其无力继续扩大战果。

【皮洛士在西西里(公元前278年至公元前276年)】在意大利,皮洛士获得的胜利毫无价值,决定离开意大利,前往西西里,解救臣属迦太基的希腊诸城市。皮洛士把麾下将领米罗(Milo)留在塔林敦,渡海抵达叙拉古(Syracuse),多次打败迦太基人。皮洛士将迦太基人逐出位于西西里岛西端的利里比乌姆(Lilybaeum)的据点,但却未能占领这座城市。皮洛士随即召集西西里人建造一支舰队,西西里人却对这一严厉指令牢骚满腹。确信西西里人不配他的援助后,皮洛士返回塔林敦。与此同时,罗马人差不多收复了所失去的全部意大利南部土地。

【比尼文图姆战役与皮洛士离去(公元前275年)】放弃意大利之前,皮洛士决定再碰一碰战争的运气。执政官库里乌斯·邓塔图斯率领一支军队,在多山的萨谟奈地区的比尼文图姆(Beneventum)构筑了坚固的阵地。皮洛士决定在罗马人立足未稳之际,发动袭击。皮洛士猛烈攻击罗马人的阵地,但被击溃。接下来,罗马执政官追击皮洛士至平原地区,大获全胜。屡遭挫折与失望的皮洛士撤回塔林敦,把麾下将领米罗留在塔林敦要塞,自己带领残部返回希腊。

三、最终降服意大利

【塔林敦陷落(公元前 272 年)】皮洛士离开后,罗马在意大利已无真正的对手。罗马接下来要加快彻底征服意大利半岛的步伐。罗马人包围了塔林敦。顽强抵抗了 4 年后,米罗同意投降,条件是允许从他驻防的要塞撤回埃皮鲁斯(公元前 272 年)。罗马人允许塔林敦保留地方自治,但必须向罗马交纳年贡。

【卢卡尼亚人、布鲁提乌姆人和萨谟奈人】意大利南部的某些民族仍然不情愿接受罗马的霸权,一段时间内,同罗马人进行游击战。但卢卡尼亚人和布鲁提乌姆人很快被迫屈服,所有沿海城市最终接受了罗马人的统治。萨谟奈人一次短暂的起义,也被罗马人镇压下去。通过建立在卢卡尼亚的派斯图姆(Paestum)与萨谟奈的比尼文图姆的强大殖民地(公元前 268 年),罗马确保了在南部意大利的统治。

【皮塞努姆和翁布里亚】平定了南方之后,罗马人着手降服意大利东部沿海的剩余部分。经过激战(公元前 268 年),罗马人占领了皮塞努姆的主要城市安克那(Ancona),皮塞努姆整个国家落入罗马人之手。在更远的北方,罗马人占领了翁布里亚的重镇阿里米努姆(Ariminum,公元前 266 年),领土并入罗马版图。

【降服伊达拉里亚】部分伊达拉里亚人中间仍然存在着反叛精神。最桀骜不驯的伊达拉里亚城市当数沃尔斯尼(Volsinii),罗马人杀一儆百,夷平了城墙,将该城市的艺术品运回罗马。沃尔斯尼陷落后,其他所有不准备与罗马结盟的城镇主动臣服。从卢比孔河与马克拉河,到西西里海峡,罗马确立了霸主地位。

第十三章 罗马称霸意大利

一、罗马人的主权国家;二、臣属地区;三、军事体制

一、罗马人的主权国家

【主权与臣属共同体】要想正确地理解罗马史,我们不仅要研究罗马人扩张领土的路径,而且应当研究罗马人对所征服领土的组织和统治方式,研究罗马人的政策,远比研究罗马人的战争、战斗更重要。罗马一直在学习统治艺术。伴随罗马走向强大,罗马人的政治智慧也在增长。每一次领土扩张后,罗马人都会把自己的权威扩展为一种主权。如果我们能够理解在意大利生成的政治体制,我们便能够清楚地区分构成国家统治团体的那部分人,与构成意大利臣属地区的人们之间的差别。正如我们所知,早期罗马存在的两个截然不同的团体:统治国家的贵族和处于被统治地位的平民。但另一方面,此时我们将看到的是,一个生活在罗马城内外罗马领土上居统治地位的公民团体,以及与之相反的生活在意大利其他所有地区内城市与城镇内,处于臣属地位的各种民众。换言之,我们将看到,一部分领土和国民与国家融为一体,而没有与国家融为一体的另一部分——一个主权共同体,以及另外许多臣属共同体。

【罗马领土的范围】严格意义上讲,罗马疆域或罗马领地是罗马领土的一部分,这里的人们与国家融为一体,并被授予公民权,也是罗马人民的主权所在范围。伴随罗马在意大利进行的征服活动,罗马人统治区域或已吞并的领土正在逐步生成。一般说来,此时已包括拉丁姆的大部分,坎帕尼亚北部、伊达拉里亚南部、萨宾乡村、皮塞努姆和翁布里亚的一部分。这一区域内,只有极少数类似提布尔(Tibur)和普莱尼斯特(Praeneste)这样的城镇仍未并入罗马,因此,还不是罗马版图的一部分,但保留着臣属盟友

的地位。

【33个部落】罗马领土范围内的地域部落，此时已增加到33个。这些部落包括4个城市部落，即城市内的行政区；29个乡村部落，即在乡村的小镇。所有人都居住在这些地域部落内，登名注册，并构成了罗马人民主权政体的一部分，享有统治权，以及制定法律、选举各级官吏等权利。

【罗马人的殖民地】罗马派出公民所在的殖民地，允许享有所有公民权，甚至允许这些公民随时返回罗马，投票和参与制定法律。这些罗马公民的殖民地构成了主权国家的一部分，无论地理位置何在，都被视为罗马领土的一部分。这些殖民地在沿海一带，其中最重要的坐落在拉丁姆及其毗邻地区海岸。

【罗马人的自治城市】未并入罗马领土的某些被征服城镇，以自治城市的名义存在。这些城镇承担罗马公民的全部义务，享有部分罗马公民权。起初，类似的城镇（如同卡莱一样）得到了部分私权利，但未获得公权利（*civitas sine suffragio*），一些城镇可以自治，或罗马派官吏进行统治。然而，经过一段时间之后，自治城镇不仅最终获得了地方自治权，而且得到了罗马人的全部公民权。这种安排成为罗马后来自治城镇体制的基础。

二、臣属地区

【臣属的领土】与生活在罗马领土上的公民主体不同的是，臣属区域分布在意大利半岛各地。这些领土上的居民，不能分享罗马人的政治权利。未经罗马人同意，这里的居民既不能宣战，也无权媾和；既不能结盟，也不可铸造货币。尽管他们有许多罗马人给予的特权，可以在自己的城市内实行自治，但却不是罗马人民主权主体的组成部分。

【拉丁殖民地】意大利臣属地区的一部分组成了拉丁殖民地。这些地区是罗马派人驻扎的军事要塞，隶属于某个被征服的城市或地区。罗马人通常向这里派驻老兵，有时也把贫困的罗马人安置在被征服地区，让这些罗马人统治被征服的民众。但这类驻防地并未保留罗马公民的全部权利。这里的罗马人失去了诸多政治权利，主要是通婚权，但通商权却得以保留。如同所在地理位置一样，这些殖民地散布在意大利各地，仍然通行拉丁语，保持着罗马人的精神，帮助罗马扩大了影响。

【意大利同盟者】臣属区域中最大一部分是被征服，且保留自由实施自治的意大利诸城市，这些城市通过一项特别条约，与罗马联系在一起，不得不承认罗马主权。这些城市不必承担罗马公民承担的土地税，但有义务战时为罗马提供军队。这些意大利城市通过一项特别条约，从属于罗马，被称为结盟城市（*civitates foederatae*），或简称同盟者（*socii*）。这些城市构成了未融入罗马国家的意大利人口最为重要的一部分。

某些方面，罗马统治意大利的手段，是建立在先前对拉丁姆所采取的统治政策基础之上的。罗马人、拉丁人与意大利人之间的重要差别直至同盟战争方消除。

三、军事体制

【罗马军队】罗马征服意大利，很大程度上应归功于罗马军队的实力。罗马人的统治力量同样依赖于军队，军队是罗马国家政权的真正支柱。通过征服，罗马变成了一个武士国家。在公共利益需要时，每一个年龄在17—45岁之间的罗马公民，均有服兵役义务。早期，战争持续时间并不长，主要是到敌方领土上抢掠战利品，士兵的奖赏是他能够抢夺到的战利品。围攻维艾城之后，服役期延长，给予士兵固定军饷势在必行。带着对劫掠和分得被征服土地份额的期待，军饷为士兵踏实服兵役提供了强大动力。

【军队的编制】如果战争爆发，罗马依惯例征召4个军团，每一位执政官指挥两个军团。每个军团下辖30个小队或连队的重装步兵，20个小队中每一个小队由120人组成，另外10个小队每小队60人，这些人构成了3 000重装步兵。此外，另有1 200轻装步兵未编入小队。据此可知，一个罗马军团的总兵力为4 200人。每个军团通常配备一支300人组成的骑兵部队。征服拉丁姆和意大利之后，依据条约条款，同盟者城市同样有义务提供相应数量的兵员。

【战斗队形】古代，罗马人按照希腊方阵的模式，构建了一种坚固的方形阵形用于战争。这种排阵特别适合在平原上抵挡敌方进攻，但不适合进攻性战争。大约在卡米卢斯时代，罗马人引进了更开放的小队队形。战斗队形确定后，一个军团分为三条战线：第一条是枪兵（*hastati*），由年轻人组成；第二条是成年兵（*principes*），由经验丰富的士兵组成；第三条是后备军（*triarii*），由老兵组成，并有能力支持前面两条战线。每条战线由10个小队组成，前两条战线中每小队120人，第三条战线每小队60人。每条战线的各个小队或连队排列整齐，队列之间有相应的间隔。如下图所示：

1. 枪兵（*Hastati*）　— — — — — — — — — —

2. 成年兵（*Principes*）　— — — — — — — — — —

3. 后备军（*Triarii*）　— — — — — — — — — —

这种排阵方式能够使前排撤回到身后的间隔，后排的小队可以进入前排的间隔。第三条战线之后，通常是轻装步兵和缺少战场经验的士兵。每个小队携带自己的旗帜，军团携带的旗帜覆有一只银鹰。

【盔甲和兵器】所有三条战线防护盔甲是相同的：一副锁子甲防护胸部，黄铜头盔保护头部，护胫甲保护双腿，左手持椭圆形长盾牌。用于进攻的武器是，每个士兵一柄短剑，可用于砍杀和刺杀。第一战线的士兵每人两支投枪，投向接近战线的敌人。第三条战线的士兵每人一支长矛，可用于刺杀。罗马军队的士兵正是使用这样的武器征服了意大利。

【军事奖赏与荣誉】罗马人通过奖励士兵的勇敢鼓舞士气。各种奖赏由将军在全体将士面前颁发授予。最高的个人奖赏是橡树叶做成的环形冠，授予那些在战场上拯救公民同胞的官兵。其他相应的奖赏有金王冠、不同颜色的战旗、典礼用品等，这些奖赏授予非凡的勇敢者。当一个将军杀死了敌人一个将领，所获战利品（*spolia opima*）会在朱皮特·菲莱特利乌斯神庙（Jupiter Feretrius）悬挂。最高的军事荣誉是元老院授予的凯旋式——一次元老院颁令举行的隆重的游行。游行队伍里，有凯旋的将领和麾下军队，另有展示战利品的车队，游行队伍穿过罗马城，抵达卡皮托林。

【军事公路】军事公路网是罗马军事体制的一个重要组成部分，通过公路网罗马把军队、各种军需物资运送至意大利各地。第一条军事公路是阿皮安大道（*via Appia*），由阿皮乌斯·克劳狄乌斯（Appius Claudius）在萨谟奈战争中修筑。阿皮安大道连接罗马和卡普亚，后来延伸至比尼文图姆和维努西亚，最后远达布伦迪西乌姆（Brundisium）。阿皮安大道为随后铺设抵达意大利各个远端地点的公路提供了样板。拉丁大道（*via Latina*）从北方进入萨谟奈乡村，同卡普亚附近位于比尼文图姆的阿皮安大道相连接。弗拉米尼亚大道（*via Flaminia*）从北方穿过东部的伊达拉里亚和翁布里亚，抵达阿里米努姆。埃米利安（Aemilian）大道（*via Aemilia*）从阿里米努姆，延伸至山南高卢，远达波河岸边的普莱森提亚（Placentia）。另一条重要的公路卡西安（Cassian）大道（*via Cassia*），穿过伊达拉里亚中部，与山南高卢的埃米利安大道相连接。沿伊达拉里亚西海岸的公路是奥莱里安大道(*via Aurelia*)。这些重要的军事道路为共和国时代修筑。这些高等级公路坚固持久,遗迹至今依稀可辨。

第五阶段：称霸地中海世界（公元前264年至公元前133年）

第十四章　第一次布匿战争（公元前264年至公元前241年）

一、迦太基与罗马；二、第一次布匿战争的开始；三、第一次布匿战争后的重大事件（公元前241年至公元前218年）

一、迦太基与罗马

【对外征服的开始】征服意大利并未耗尽罗马人的野心和勇气。从征服意大利的希腊城市，到征服西西里希腊诸城市，只不过是向前迈出的第一步。但当罗马人冒险横渡西西里海峡后，便卷入了一场直至成为地中海主人方告结束的战争。跨出所在意大利半岛范围之后，罗马成为世界上的强大国家之一。罗马在同拉丁人、伊达拉里亚人和萨谟奈人的战争中获得了力量，现在正准备把这种力量用于同迦太基、马其顿和叙利亚所要进行的规模更大的战争。

【迦太基的起源】意大利之外，同罗马第一个发生联系的外邦势力是迦太基。迦太基城起源于泰尔（Tyre）的一个殖民地，后发展成为北非海岸强大商业帝国的都城。和罗马一样，迦太基的起源，差不多消失在传说的迷雾中。一个古老的故事告诉我们，迪都（Dido）女王是如何被逐出泰尔，同一群亡命者登陆北非的——与埃尼亚斯在意大利的作为如出一辙。据说，迪都从非洲君主那里购买了一块一张牛皮所能覆盖的土地。迪都巧妙地把这张牛皮割成细条，圈起了一块足够大的土地，在这块土地上建造了一座城市。维吉尔（Vergil）向我们讲述了埃尼亚斯与迪都女王之间的罗曼史，以及女王之死。实际上，是泰尔的腓尼基人建立了迦太基。这是我们所知该城市的起源。腓尼基人较早地获得了吕底亚人（Lydians）和努米底亚人（Numidians)等非洲土著种族的领地。

【**迦太基人的政体**】迦太基卷入与罗马的冲突时,迦太基的政体在某些方面与罗马共和国极为相像。与罗马的两名执政官相一致,迦太基同样拥有两名主要行政长官(称为“苏菲特”,*suffetes*);迦太基也设有一个长老议事会,称为“百人会议”,堪比罗马的元老院;迦太基还拥有一个与罗马人的民众大会有几分相似的民众大会。迦太基政体的外部特征与罗马人颇为相似,但精神气质却与罗马人判然不同。迦太基的实际权力把握在为数有限的富有显赫的家族手中。此外,迦太基人不理解罗马人把臣属融入罗马国家的做法,因此,无法像罗马人那样,拥有强大而又忠诚的公民团体。然而,迦太基政体的最大优势之一是,军队的指挥权把持在一个常设的且有能力的领导者手中,而非把握在像罗马执政官那种时常轮换的文职高级官吏手中。

【**迦太基文明**】迦太基把东方腓尼基人养成的文明与思想,带进了西部地中海。迦太基的国力是建立在商业与贸易霸权基础之上的。迦太基将诸多北非殖民地和西西里希腊城市的贸易,置于自己的掌控之下。事实上,迦太基人是地中海的重要商人。通过买卖东西方产品,迦太基实现了强大和富有。迦太基买卖的东西方产品包括:泰尔的紫色染料、阿拉伯半岛(Arabia)的乳香、埃及的亚麻、西班牙的黄金、巴利阿里群岛(Balearic Isles)的白银、不列颠的锡,以及厄尔巴岛(Elba)的铁。迦太基同当时世界上各主要国家签订了商贸条约。迦太基不仅垂涎于西西里的希腊诸城市,而且也渴望得到意大利的希腊人城市。据此,我们可知,罗马与迦太基缘何为拥有对东部地中海接壤的各个国家控制权,成为竞争对手的。

【**罗马与迦太基之比较**】通过对两个西方最强大的竞争对手进行比较,我们可以认为,双方的实力、资源近乎不分高下。迦太基财力占先,罗马则拥有良好的组织;迦太基海军强于罗马,而罗马军队的效率更高;迦太基军队将领出色,但罗马人的公民团体更坚定不移;迦太基的主要力量依赖于财富和商业资源,而罗马人依靠的是民族的性格与组织良好的政治体制;迦太基人的伟大通过一系列的胜利得以展现,但罗马人的伟大却在灾祸、困苦等艰难时刻充分显示出来。

二、第一次布匿战争的开始

【**战火燃自西西里(公元前264年)**】著名的第一次布匿战争,即罗马与迦太基之间的第一次冲突始于西西里，并最终演变为对西西里岛控制权的争夺。此时的西西里被三股势力所分割：(1)迦太基控制着岛屿的整个西部，以及北部阿格里琴托(Agrigentum)的一些重要城市和最顶端的利里比乌姆；(2)岛屿的东南部掌控在叙拉古国王手中，叙拉古国王不仅控制着叙拉古城，而且统治着相邻的部分城镇；(3)岛屿的东北角的控制权落在坎帕尼亚雇佣军手中。这些士兵曾在叙拉古国王麾下服役，返乡途中，背信弃义地夺取了麦萨那(Messana)城。

这些自称为马麦丁人(Mamertines)，或马尔斯之子的坎帕尼亚雇佣军，屠杀居民，蹂躏邻近四周的乡村。叙拉古国王对马麦丁人发动攻击，围攻马麦丁人占据的城市，将马麦丁人逼入绝境，不得不向外求救，并在罗马与迦太基之间进行选择。马麦丁人最后决定向罗马人求援。元老院不愿意帮助这群强盗同友善的叙拉古对阵。但当这一问题提交民众大会时，民众担心，如果拒绝了马麦丁人，他们便会向迦太基求援，于是决定帮助马麦丁人，以便阻止迦太基人拥有西西里的部分领土。第一次布匿战争由此拉开序幕。

【夺取麦萨那与阿格里琴托】罗马把一支由阿皮乌斯·克劳狄乌斯(Appius Claudius)指挥的军队派往西西里，在西西里获得了立足之处。但马麦丁人在罗马人讨论出兵期间，已经允许迦太基人在所占据城市驻防。似乎是罗马将领违约。阿皮乌斯·克劳狄乌斯邀请迦太基指挥官汉莫(Hanno)进行一次友好会晤，却背信弃义地将其抓捕。为了获得自由，汉莫被迫同意放弃所进驻的城市，罗马人借机占领了麦萨那。叙拉古国王与迦太基人结盟，拟将罗马人逐出西西里岛，但被罗马人击溃。在罗马人占上风时，叙拉古国王改变了策略，与罗马人结盟，将迦太基人逐出西西里。在两年的战争期间，罗马人攻陷了一座又一座城镇。在围攻了7个月之后，罗马人占领了西西里重要城市阿格里琴托(公元前262年)。

【罗马成为海军强国】罗马人此时明白，与战败的迦太基在陆地和海上遭遇在所难免。迦太基舰队第一次出现，就收复了曾经落入罗马人之手的大多数沿海城市，蹂躏了意大利海岸。由于迦太基舰队控制了海洋，罗马向西西里输送援军困难重重。罗马人的舰船数量有限，而且只是一些三层桨手战船，或仅仅是拥有三排桨手的船只，根本无法与迦太基庞大的五层战舰，或五排桨手舰船相抗衡。罗马人明白，要么放弃战争，要么另外建造一支与迦太基人相抗衡的舰队。据说，模仿迦太基人蹂躏意大利海岸的舰船，罗马人在60天里建造了100只同样的舰船。与此同时，罗马人通过建造在陆地的木制长凳，安排上和真正船只相同排数的桨手,练习划船技术,把陆战士兵训练成为水手。罗马人知道,他们的士兵近距离搏斗强于迦太基军队。要想保持这种优势,罗马人在自己的舰船上安装了能够登上敌方舰船的小吊桥。装备了这样一支舰队,作为世界上第一海军强国迦太基的对手,罗马人开始了海上冒险。

【杜伊利乌斯在米莱的胜利(公元前260年)】罗马人新建的一支舰队,在执政官杜伊利乌斯(Duilius)指挥下出征。此时,迦太基人正在劫掠米莱(Mylae)附近的意大利沿海,杜伊利乌斯毫不迟疑地指挥舰队驶向迦太基人。当两支舰队相遇时,罗马人放下小吊桥,搭在敌船边,快速登上敌船。在近距离搏斗中,罗马人证明了自己的优势。迦太基人被打垮,50艘战船或被击沉,或被罗马人俘获。这是一场具有决定性意义的胜利。罗马人赢得了第一次重要海战的胜利。杜伊利乌斯得到了一次辉煌的凯旋式。为了纪念这次胜利,罗马人在广场树立了一座用俘获敌船冲撞角(*Columna Rostrata*)装饰的圆形纪念柱。

【莱古鲁斯入侵非洲(公元前256年)】这次胜利令罗马人欢欣鼓舞,准备把战火烧到非洲。罗马人仍然使用一支庞大的舰队,打败了迦太基一支企图阻止罗马人前往通向埃克诺穆斯(Ecnomus)海角的西西里南部海岸的小舰队。两个罗马军团在L.曼利乌斯·乌尔索(L. Manlius Vulso)和莱古鲁斯(Regulus)指挥下,在迦太基东部的非洲海岸登陆,并把这里的乡村变成了废墟。胜利得来如此轻而易举,以至罗马人认定留下一名执政官率领军队,也足以完成在非洲的军事任务。于是,乌尔索被召回罗马,只留下莱古鲁斯一人在非洲。迦太基求和的愿望破灭了。据说,在绝望中,迦太基人甚至把几个孩童扔进火堆,以祈求马罗赫(Moloch)神的保佑。然后,迦太基人把军队交给一个名曰山提普斯(Xanthippus)的斯巴达士兵指挥。山提普斯用大屠杀击败了罗马军团,莱古鲁斯成为阶下囚。罗马人派一支舰队从西西里出发,前去营救幸存者。但这支舰队在返回途中遭遇风暴沉没。罗马人灰溜溜地结束了在非洲的战争。

【西西里战争(公元前255年至公元前241年)】此后若干年,战争折磨着西西里。夺取北部海岸的潘诺姆斯(Panormus),缓解了罗马人长时间的一系列灾难。不久,罗马人在潘诺姆斯第二次战胜迦太基人。据说,第二次被罗马人击败后,迦太基人希望交换战俘,并派莱古鲁斯到罗马元老院陈述迦太基人的理由,条件是,如果没有成功,莱古鲁斯返回迦太基。据说,莱古鲁斯劝告元老院不要接受迦太基人的请求。尽管亲友们流泪恳求,莱古鲁斯还是返回了迦太基。无论这件事是否真实,都说明了真正的罗马人的荣誉感和爱国主义精神。

罗马人在潘诺姆斯获胜后,迦太基人推进到西西里岛的最西端。罗马人随后包围了迦太基势力的据点利里比乌姆。围攻利里比乌姆失败后,罗马执政官 P. 克劳狄乌斯决定消灭停泊在德莱帕努姆(Drepanum)附近的一支迦太基舰队,但 P. 克劳狄乌斯再遭败绩,损失了九十余艘舰船。迷信的罗马人认为,这次失败是由于克劳狄乌斯粗暴地对待占卜仪式造成的:用于占卜的小鸡不吃食时,P. 克劳狄乌斯盛怒之下,把小鸡扔到了海里。元老院召回了 P. 克劳狄乌斯,任命一名独裁官顶替他的职位。在一场风暴摧毁了罗马人的另外几支舰队,以及同迦太基的伟大军人哈米尔卡·巴尔卡(Hamilcar Barca)的战事徒劳无益后,罗马人的事业似乎看不到胜利的曙光。

【埃加特斯群岛海战的胜利(公元前 241 年)】即使在这一历史时段中令人沮丧的时候,我们依然可以见到罗马人性格中的强势要素——爱国主义、坚韧和毫不动摇的毅力。虽然损失了 1/6 的人口和巨大的财富,但罗马人仍然没有放弃征服西西里的努力。富有的罗马公民出钱建造了一只新舰队。依靠有钱人的资助,罗马人建造了 200 艘舰船,由 C. 鲁塔提乌斯·卡图鲁斯(C. Lutatius Catulus)指挥。在距离西西里西部顶端不远处的埃加特斯群岛(Aegates Islands),罗马人获得了决定性胜利。迦太基人对这场可怕的失利毫无准备,被迫求和。迦太基人被迫放弃西西里,无条件释放罗马战俘,10 年之内支付罗马人 3 200 塔兰特(大约 400 万美金)。持续了 23 年之久的第一次布匿战争就此结束。在此期间,罗马人展示了海上作战能力,理直气壮地跻身世界上强大国家之列。但日后的严峻事实告诉我们,首次与迦太基交锋仅仅是未来更可怕战争的一次预演。

三、第一次布匿战争后的重大事件
(公元前 241 年至公元前 218 年)

【西西里成为罗马人第一个行省】第一次与第二次布匿战争之间,罗马和迦太基都在谋求巩固和加强自己的实力。双方都清楚,霸权问题悬而未决,两雄之间另一次对决迟早会到来。罗马发现自己拥有了意大利以外新增加的、需要规划的领土。罗马已经拥有的三种类型的领土是:(1)罗马领地,一般而言,这里的居民悉数为全权公民;(2)拉丁殖民地,这里的民众享有部分公民权;(3)意大利领土,这里的民众不是公民,只处于半独立状态,拥有自己的政府,但战时与罗马结盟。罗马人在西西里引入了一种新的体制,这里的民众既不是公民,也非同盟者,而是臣服者。土地全部充公,居民不得不承担沉重的贡赋。除叙拉古之外,所有地区保持独立,由罗马派一名大法官统治。通过这种安排,西西里成为罗马的一个行省——意大利以外罗马人征服领土的别称。

【吞并撒丁尼亚与科西嘉】西西里之外,有两个岛屿自然归属意大利:地中海撒丁尼亚与科西嘉。在迦太基忙于镇压自己士兵叛乱——著名的非洲雇佣兵战争——之际,罗马看到了夺取撒丁尼亚岛所有权的天赐良机。迦太基反对罗马人的这一举动,罗马人则以要求割让这一岛屿为回应,并以支付 1 200 塔兰特(大约 150 万美元)为偿金。迦太基被迫接受这一不公正的要求,但决心来日报仇雪耻。在撒丁尼亚轻而易举地落入罗马人手中时,科西嘉也被罗马占领,在这两个岛屿上,罗马人建立了第二个行省。至此,罗马人拥有了西部地中海三个大岛屿。

【清除伊里利库姆海盗】不久,罗马的注意力转向了亚得里亚海东海岸。一些希腊城市因亚得里亚海海盗向罗马求援。这些海盗为伊里利库姆(Illyricum)人,依赖抢夺海上船只和劫掠希腊邻邦为生。罗马出动一支 200 艘舰船组成的舰队,清除亚得里亚海海盗。罗马随之将这些希腊城市纳入自己的保护之下,并借此在亚得里亚东海岸获得了一个立足点,这一地区和希腊关系友好,后来与马其顿交恶。

【征服山南高卢】开始卷入对外战争时,罗马意识到,如果不征服北部意大利,就无法保证国内局势的安定。阿尔卑斯山构成了意大利的天然边界,罗马人认为,应当把自己的势力扩展到这一地区。罗马计划在高卢边境建立若干殖民地,把这些城镇的大片土地分配给罗马公民。高卢人对侵蚀自己边境的做法异常怨恨,决定诉诸武力,入侵伊达拉里亚,进而威胁罗马。罗马人击败高卢人,高卢人被迫后撤,波河流域的战争一直持续到全部高卢人最后屈服。新建立的殖民地确保了征服领土的安全,罗马实际上获得了阿尔卑斯山的霸权。由于分享新征服的土地,罗马民众更加忠诚自己的政府。此时,罗马人的统治井井有条,罗马的权威得到了很好的保障,罗马人觉得应当准备同迦太基人进行另一场战争。

第十五章　第二次布匿战争
（公元前218年至公元前201年）

一、从萨贡图姆至坎尼（公元前218年至公元前216年）；二、从坎尼至麦陶鲁斯（公元前216年至公元前207年）；三、从麦陶鲁斯至札马（公元前207年至公元前201年）

一、从萨贡图姆至坎尼
（公元前218年至公元前216年）

【西班牙战争之开始】接下来发生的第二次布匿战争将决定罗马的命运，也决定了欧洲的未来。战争的真正原因是两个大国之间日益增长的对抗，是为争夺西部地中海霸权进行的战争。但战争的直接原因是迦太基人在西班牙的统治迅速增强。在罗马通过征服山南高卢和征服地中海诸岛屿扩大实力时，迦太基则在西班牙半岛建立了一个庞大的帝国，并希望建立一支能够入侵意大利的新的军队。这便是迦太基最伟大的公民和最伟大的军人哈米尔卡·巴尔卡的策略。该项策略最初由哈米尔卡本人实施，后为女婿哈斯德鲁巴（Hasdrubal）承袭。哈斯德鲁巴建造了一座新的迦太基城，作为新地区的首府。

看到自己的竞争对手把领土扩展到北方后，罗马人开始惴惴不安。罗马人诱导迦太基签订条约，不要征服西班牙北部地区的伊庇鲁斯河（Iberus，今西班牙北部的埃布罗河，Ebro）对岸区域。罗马人还同希腊城市萨贡图姆（Saguntum）签订盟约，尽管萨贡图姆位于伊庇鲁斯河以南，而且此时仍保持着自由和独立。迦太基在西班牙南部继续推进征服活动，并未侵害罗马人的权益，直至哈斯德鲁巴故去。此后，伟大的哈米尔卡的小儿子，军队崇拜的偶像汉尼拔（Hannibal）当选为指挥官。这个年轻的迦太基人，孩提时代便发誓永远与罗马人为敌,此时,汉尼拔认为自己完成使命的时候到了。汉尼拔从新迦太基出发,直接攻击罗马人的盟友萨贡图姆。历时 8 个月的围攻,汉尼拔占领了萨贡图姆。罗马人派遣一个使团前往迦太基,命令汉尼拔投降。一个故事告诉我们,罗马人的特使昆图斯·法比乌斯(Quintus Fabius)撩起托袈,对迦太基元老院说,我们给你们带来了战争与和平,你们选择哪一项? 两者只可选其一。否则我将发动战争。迦太基人高声喊道:我们接受战争。世界古代最著名的战争由此拉开序幕。

【汉尼拔与罗马】罗马此时进入了战争状态,不仅和迦太基交战,而且还要与汉尼拔为敌。第一次布匿战争是罗马人同地中海最强大的海军之间的战争,但第二次布匿战争,则将是罗马人同一位世界上从未有过的最伟大军人之间的战争。汉尼拔作为一个军事天才,没有一个罗马人可与之相提并论。假如罗马人知道接下来这位年轻的迦太基人带给罗马的毁坏与蹂躏,罗马人或许不会如此快速地卷入战争。当迦太基人把自己的事业交到一个才华横溢的领袖手中时,罗马认为,自己也得到了一个坚定而勇敢的民族的支持。对我们而言,一个伟大的人物和一个伟大的民族之间的较量,是一件值得关注的事情。

【汉尼拔入侵意大利】战争一开始,汉尼拔便表现出了作为一名军人的伟大天才。罗马人制订了一项把两支军队开进敌方国土的非常好的计划——一支由塞姆普罗尼乌斯(Sempronius)指挥,开进非洲;另一支由 P. 科尔内利乌斯·斯奇皮奥(P. Cornelius Scipio)率领,进入西班牙。凭借真正军人的天资,汉尼拔认识到,如果意大利遭到入侵,罗马城受到威胁,那么迦太基必定安然无恙。留下弟弟哈斯德鲁巴保卫西班牙,汉尼拔率领 5 万步兵、9 000骑兵和一定数量的战象,越过比利牛斯山。汉尼拔迅速抵达罗恩河(Rhone),从侧翼包围了企图阻挡他前进的蛮族势力。汉尼拔渡过罗恩河时,罗马军队刚刚到达马西利亚(Massilia,马赛。这支罗马军队期待在西班牙与汉尼拔会战)。罗马指挥官 P. 科尔内利乌斯·斯奇皮奥发现汉尼拔的战术胜过自己时,便派自己的兄弟 Cn. 斯奇皮奥(Cn. Scipio)前往西班牙,同主力部队会合,他本人则返回山南高卢。科尔内利乌斯·斯奇皮奥的如意算盘是,如果汉尼拔冒险进入意大利,便将迦太基人全部歼灭。与此同时,尽管跨越阿尔卑斯山经历了无数艰难险阻,但汉尼拔仍在向前推进。汉尼拔最后抵达波河流域时,身边只剩下 2 万步兵和 6 000 骑兵。汉尼拔从高卢人中招募军队,这些高卢人渴望与迦太基人一道同罗马人作战。

【**汉尼拔的早期胜利**】当意识到汉尼拔真的进入意大利之时,罗马人准备迎战汉尼拔并将其歼灭。罗马人召回了塞姆普罗尼乌斯及其所率准备前往非洲的军队。斯奇皮奥则从马西利亚返回,集合了散布在意大利北部的军队,驻扎在波河的普莱森提亚。罗马骑兵与迦太基骑兵在波河北岸,一条名曰提西努斯(Ticinus)的小溪初次交锋,罗马骑兵败北,斯奇皮奥本人身负重伤。汉尼拔由北向南跨过波河。为了阻止汉尼拔南进,斯奇皮奥占领了特莱比亚河(Trebia)畔的有利地形。不久,斯奇皮奥与从亚得里亚海岸阿里米努姆返回的同僚塞姆普罗尼乌斯会合。此时,罗马人与迦太基的军队在特莱比亚河两岸对阵。在这里,汉尼拔展示了伟大将领的过人才能。利用一次佯攻,汉尼拔将罗马军队吸引到自己所在的河岸边,然后从正面、侧翼、背后发动猛攻,罗马军队几乎全军覆没,残部逃往普拉森提亚。但这场巨大的灾难并未使罗马人丧失信心,罗马人很快征召了新的军队,抗击入侵者。

【**特拉西米诺湖之战(公元前 217 年)**】第二年春天,新上任执政官弗拉米尼努斯(Flaminius)把军队部署在伊达拉里亚的阿莱提乌姆(Arretium),他的同僚则驻扎在阿里米努姆,把守几条看上去汉尼拔进军罗马可能经过的主要道路。但汉尼拔并没有在罗马人期待的几条道路通过,而是翻越亚平宁山,穿过伊达拉里亚沼泽地,直扑罗马。汉尼拔由是到达了罗马军队与罗马人首都的中间位置。汉尼拔知道,弗拉米尼努斯一定会火速返回,保卫首都。汉尼拔也清楚哪条路是弗拉米尼努斯的必经之路,决定在弗拉米尼努斯返回途中,全歼罗马军队。汉尼拔将军队部署在特拉西米诺湖北岸的高地上,在这里可以俯瞰罗马军队必经的一个峡谷。罗马人接近并进入这个峡谷时,等待他们的是一场未曾料到的恐怖厄运。信号发出后,汉尼拔的士兵发动猛攻。罗马军队四面受敌,那些逃跑的彪悍的高卢人和曾经令人恐惧的努米底亚骑兵,全部葬身特拉西米诺湖底。1.5 万罗马人和意大利人,和他们的统帅弗拉米尼努斯一起殒命疆场。此时,北部意大利落入汉尼拔之手,罗马城似乎成为胜利的迦太基人唾手可得的猎物。

【**独裁官法比乌斯·马克西姆斯**】特拉西米诺湖令人震惊的灾难发生后,罗马一名大法官言简意赅地通告:“我们在一场重要的战役中败北,我们的军队遭歼灭,弗拉米尼努斯阵亡!”但这一简短的通告却给罗马人带来了恐慌,令罗马人想起了高卢人入侵和阿利亚战役失败的日子。似乎到了推出独裁官的关键时刻,Q. 法比乌斯·马克西姆斯(Q. Fabius Maximus)被任命为独裁官。法比乌斯·马克西姆斯是此前以忠诚国家著称的法比乌斯家族成员，也曾作为使节前往迦太基，要求迦太基人在战和之间进行选择。法比乌斯下令征召新的军队，城市进入防御状态。

汉尼拔认为不宜进攻罗马，于是转向东方，穿过翁布里亚、皮塞努姆，进入阿普里亚。所经之地，尽遭抢掠。通过证明只有在他的保护之下才能获得安全等手段，汉尼拔希望把罗马人在意大利南部的盟友，拉拢到自己的旗下。汉尼拔同样希望刺激法比乌斯与他的军队对阵。但法比乌斯从战争中汲取了教训，采取袭扰汉尼拔军队的稳妥战术，避免大规模会战。正是由于采用了这种拖延战术，人称法比乌斯为“拖延者”或“迟缓者”。为了刺激法比乌斯交战，汉尼拔穿过萨谟奈，进入富庶的坎帕尼亚平原。法比乌斯后来试图在这块狭小的区域内，通过把守山区通道，阻止汉尼拔。但在汉尼拔准备向前推进时，通过一个计谋打开了通道。汉尼拔在夜间派出一支轻装部队，驱赶山边犄角上系有点燃柴草的牛群，守卫这条道路的罗马人被这一从未见过的牛群惊呆，放弃了防卫。汉尼拔通过没有设防的通道，再一次对意大利南部乡村肆意劫掠。汉尼拔向东穿过萨谟奈，进入阿普里亚地区。在此期间，罗马人的意大利南部同盟城市，依然保持对罗马的忠诚。

【坎尼之战(公元前216年)】法比乌斯的拖延战略不得民心，汉尼拔从坎帕尼亚撤出尤其激起了民众的不满。于是，选举了两名新执政官，期望新任执政官实施更加强有力的策略。这两名新任执政官为泰伦提乌斯·瓦罗(Terentius Varro)和埃米利乌斯·包鲁斯(Aemilius Paullus)。汉尼拔的军队此时在阿普里亚小镇坎尼附近的奥菲杜斯(Aufidus)河。两名执政官率领由8万步兵、6 000骑兵构成的新组建的军队——罗马历史上前所未有的庞大军队，也从未在一个战场上集结如此之多的军队——前往这一地点。汉尼拔的军队由4万步兵和1万骑兵组成。但汉尼拔的智慧远远胜过无能将军指挥下的4万多罗马军队。罗马两名执政官每天轮流担任指挥官。包鲁斯谨慎小心，鲁莽冲动的瓦罗决定尽快与汉尼拔交战。作为汉尼拔指挥的最伟大的战役，我们通过观察他的计划，可了解汉尼拔精当的作战技巧。

罗马人把重装步兵排列成坚固的纵队，向北攻击汉尼拔阵线的中部。罗马人的重装步兵之前是轻装步兵，充当散兵。靠近麦陶鲁斯河的罗马人右翼部署了2 000骑兵，左翼是同盟者的4 000骑兵。罗马人希望通过这种布阵，打败汉尼拔。但汉尼拔的计划不仅仅是战胜罗马人，而是把罗马人引入被彻底歼灭的地点。因此，汉尼拔将战斗力最弱的西班牙和高卢步兵部署在阵线中央，与罗马人的重装步兵对阵，以新月形阵线向前推进，期望在罗马人进攻时能够撤回。在左右两翼,汉尼拔部署了他最信任、最精锐的、所向无敌的非洲部队。汉尼拔将这支部队排成距离较长的坚固的纵队,以便中央部队后撤时,攻击罗马军队。靠近奥菲杜斯河的左翼,汉尼拔部署了4 000西班牙和高卢骑兵,右翼部署的是由6 000 努米底亚骑兵组成的最有战斗力的部队。当罗马军队在左右两翼同非洲部队交战时,这支努米底亚骑兵可以掉头,从背后攻击罗马军队。

以上有关作战计划的描述几乎就是战役本身的叙述。当罗马军队追击汉尼拔阵线的中央部队时,发现自己深陷迦太基军队的包围之中。攻击来自四面八方,罗马军队乱作一团,战场变成了屠场。罗马军队遭遇灭顶之灾,据说,7 万罗马官兵被杀,其中包括 70 名元老,以及执政官埃米利乌斯。少数幸存者逃到邻近城镇,瓦罗带领 70 名骑兵到维努西亚城避难。这一天是近 200 年前高卢人焚毁罗马城以来,罗马人最恐怖的一天,罗马城内的每一个家庭都在服丧。

二、从坎尼至麦陶鲁斯
(公元前 216 年至公元前 207 年)

【汉尼拔的新盟友】坎尼会战使意大利同盟者确信,得到像汉尼拔这样的人的帮助,总比与之为敌强。阿普里亚人、萨谟奈人、卢卡尼亚人、布鲁提乌姆人相继反叛,将自己置于汉尼拔的保护之下。拉丁殖民地和希腊城市总体上还保持着对罗马的忠诚。然而,意大利最重要的城市卡普亚,却背着罗马向汉尼拔打开了城门。叙拉古则由罗马盟友转变为迦太基的盟友,许多意大利城市以反叛相威胁。马其顿国王腓力五世(Philip V.)也与汉尼拔结盟,帮助汉尼拔入侵意大利威胁罗马。此时,汉尼拔的势力如日中天。

【罗马人的沮丧与坚毅】坎尼战役后的一段时间内,罗马人的性格接受了最严峻的考验。罗马人惧怕的最坏的事情发生了,所有的一切似乎都在和罗马人过不去。罗马人深陷沮丧,但却没有失望。民众的骚动不久便被元老院的坚定所平复。在睿智的执政官法比乌斯·马克西姆斯(Fabius Maximus)领导下,制订了新的收复意大利的各项计划。但此时问题的严重性前所未有。战争必须继续进行,不仅在意大利重新收复反叛的同盟者,应对汉尼拔继续发动的进攻,而且在西班牙阻止哈斯德鲁巴的增援部队,在西西里,则应防止行省城市重蹈叙拉古之覆辙;最后,在希腊,阻止马其顿国王干预意大利事务。面对种种气馁,在忠诚的拉丁城镇和殖民地的支持下,罗马人保持了坚定,以不动摇的信念和决心,以前所未有的伟大精神,把战争进行到底。

【转折】关键时刻,战争的机遇开始朝着有利于罗马人的方向转变。第一缕希望的曙光来自西班牙,斯奇皮奥在西班牙击败了哈斯德鲁巴。接下来,汉尼拔军队第一次在坎帕尼亚遭遇失败。罗马人通过与希腊埃托利亚诸城市结盟,只派出少量军队,便阻止了马其顿给予汉尼拔的任何援助。罗马监察官马尔塞鲁斯(Marcellus)围攻叙拉古,在短时间内夺取了这座城市。此外,散布在意大利南部各地的汉尼拔的新盟友需要保护,也削弱了汉尼拔的实力。

【收复卡普亚】罗马人对卡普亚反叛恨之入骨,决定惩罚该城市的公民。罗马人开始正式围攻这座城市,两支罗马军队包围了卡普亚。汉尼拔出兵解救被围困的城市,试图解除罗马人对城市的围攻,但却未能使罗马军队走出堑壕。万不得已,汉尼拔径直进军罗马,希望以此迫使罗马军队从卡普亚撤出,返回罗马保卫首都。尽管汉尼拔抢劫了城镇,蹂躏了拉丁姆平原,骑兵已游弋在罗马城墙附近,汉尼拔实际上已经到达了罗马城门口,但仍未能诱使罗马军队撤离卡普亚。罗马城防坚固,汉尼拔攻城乏术,再次撤回到意大利南部。卡普亚不久便被罗马人占领,城中首脑人物因谋反被处死,许多居民沦为奴隶,城市本身置于一名行政长官的控制之下。显而易见的是,汉尼拔无法保护自己的意大利盟友,汉尼拔事业的败局似乎命中注定,除非他能够得到仍然在西班牙的兄弟哈斯德鲁巴的援助。

【斯奇皮奥兄弟在西班牙(公元前218年至公元前212年);麦陶鲁斯战役(公元前207年)】斯奇皮奥两兄弟指挥罗马人在西班牙半岛发动的战役卓有成效,哈斯德鲁巴无法离开西班牙。由于许多将领阵亡,年轻的普布里乌斯·科尔内利乌斯·斯奇皮奥(Publius Cornelius Scipio)受命前往西班牙,并用自己一系列的胜利赢得了巨大声望。哈斯德鲁巴决定前往意大利,解救自己的胞兄。哈斯德鲁巴沿着汉尼拔走过的道路,翻越阿尔卑斯山,进入波河流域。汉尼拔向北进入阿普里亚,等待哈斯德鲁巴的消息。意大利境内一个敌人变成了两个敌人:一支罗马军队在克劳狄乌斯·尼禄(Claudius Nero)率领下,迎战在阿普里亚的汉尼拔;另一支军队由李维乌斯·萨里纳托(Livius Salinator)指挥,前去与刚刚渡过翁布里亚境内麦陶鲁斯河的哈斯德鲁巴交战。

在汉尼拔得到哈斯德鲁巴抵达意大利的信息之前,罗马人将哈斯德鲁巴彻底击败是非常必要的。因此,执政官克劳狄乌斯·尼禄把主力部队留在阿普里亚,率8 000精兵火速增援在翁布里亚的同僚。发生在麦陶鲁斯河的战役具有决定性意义,真正决定了第二次布匿战争的结局。哈斯德鲁巴的军队遭全歼,他本人被枭首。罗马人把哈斯德鲁巴的首级抛入了迦太基人的营地,汉尼拔从弟弟的毫无血色的双唇得知了噩耗。汉尼拔清楚,胞弟的死亡即是迦太基的厄运。汉尼拔悲哀地大声喊叫:“迦太基,我看到了你的下场!”汉尼拔撤回到布鲁提乌姆,罗马的两名执政官赢得了自这场灾难性战争开始以来,第一次天赐的胜利。

三、从麦陶鲁斯至札马
(公元前207年至公元前201年)

【普布里乌斯·斯奇皮奥·阿非利加努斯】布匿战争期间,罗马涌现出的所有人物中,普布里乌斯·科尔内利乌斯·斯奇皮奥(Publius Cornelius Scipio。此后称为阿非利加努斯,Africanus)是即将登场的一个军事天才。和汉尼拔一样,从孩提时代开始,斯奇皮奥就在军队服役。父亲和叔父在西班牙阵亡后,他被委以指挥西班牙战争之重任。以超群的能力,斯奇皮奥打败了与之对阵的敌军,收复了几乎全部丧失的西班牙半岛。由于斯奇皮奥征服了新迦太基和伽德斯(Gades),西班牙接受了罗马人的统治。返回罗马时,斯奇皮奥毫无异议地当选为执政官。接下来,斯奇皮奥提出了结束战争的计划。该项计划拟将汉尼拔封锁在布鲁提乌姆半岛,把战火烧到非洲。尽管该计划对年迈的法比乌斯·马克西姆斯而言有些鲁莽,但罗马民众对小斯奇皮奥充满信心,支持小斯奇皮奥。从这时起,斯奇皮奥成为战争中的主角,元老院授予他军事指挥权,直至战争结束。

【战火燃至非洲】此时,斯奇皮奥新组建了一支军队,这支军队主要由志愿者组成,拥有强烈的爱国奉献精神。斯奇皮奥从西西里出发,在非洲登陆。斯奇皮奥得到了努米底亚国王马斯尼撒(Masinissa)的援助,马斯尼撒先前曾与斯奇皮奥在西班牙会面,他的王位因一个迦太基人的盟友、名曰斯法克斯(Syphax)的竞争对手,而受到质疑。这位努米底亚国王的王位由此与迦太基的战争混淆在一起。不久,斯奇皮奥与马斯尼撒在非洲打败了迦太基军队,迦太基的命运已经锁定。

【召回汉尼拔】当战争在非洲进行时,汉尼拔犹如笼中困兽,仍然驻守在布鲁提乌姆。汉尼拔保持着军队的忠诚,即使失去了所有的一切,依然忠于职守。迦太基人确信,唯一的希望是召回汉尼拔,保卫母邦。汉尼拔离开意大利,这块承载他辉煌战绩的土地,在非洲登陆。罗马解除了可怕敌人的威胁,汉尼拔曾使罗马濒临毁灭的边缘。

【札马之战与布匿战争结束(公元前201年)】两位生活在同一时代的最伟大的将领,此时在非洲土地上相遇了。最后一战(公元前202年)发生在札马(Zama)附近。汉尼拔毫无优势可言,他手下的老兵所剩无多,新组建的迦太基军队不可依赖。斯奇皮奥改变了军团的队形,战线上留出较多的空间,汉尼拔的战象可以在这些空间通过,却不能伤及罗马官兵。汉尼拔在此次战役中被打败,迦太基军队全军覆灭。据说,2万人遭杀戮,更多的人沦为阶下囚。伟大的布匿战争到此结束,斯奇皮奥把和平条款强加给迦太基。这些条款为:(1)迦太基放弃整个西班牙,以及非洲与意大利之间的所有岛屿;(2)承认马斯尼撒为努米底亚国王和罗马盟友;(3)迦太基每年支付贡金200塔兰特(约25万美元),为期50年;(4)迦太基同意,未经罗马准许,不得进行任何战争。

罗马由此成为西部地中海公认的主人。迦太基没有降为罗马的一个行省,还是一个独立的国家。叙拉古成为西西里行省的一部分,西班牙领土被划分为两个行省:远西班牙和近西班牙。然而,罗马与马其顿之间充满敌意,这也为罗马征服东方制造了借口。

第十六章　征服东方
（公元前200年至公元前133年）

一、东方的形势；二、第一第二次马其顿战争；三、同叙利亚安提奥库斯的战争（公元前192年至公元前189年）；四、第三次马其顿战争（公元前171年至公元前168年）

一、东方的形势

【三分亚历山大帝国】第二次布匿战争期间，地中海周围的国家构成了两个截然不同的世界：西部世界，罗马与迦太基正在这里争夺霸权；东部世界，为亚历山大大帝的后继者所瓜分。此前一个多世纪，亚历山大大帝建立了一个庞大的帝国，地域从希腊延伸至中亚。通过亚历山大的征服，希腊艺术、文学、哲学的理念传播到东方许多国家。然而，亚历山大大帝缺乏罗马人所拥有的组织才能，所以，在他死去时，庞大的帝国分崩离析。他的将领各自为政，建构了新的、迥然有别的王国。此时，这些王国中的三个王国地域广阔，势力强大。这三个帝国是：(1)在非洲，托勒密统治下的埃及；(2)在亚洲，塞琉古统治下的叙利亚；(3)在欧洲南部，则是亚历山大嫡系继承者统治下的马其顿王国。

【托勒密统治下的埃及】托勒密统治之下，埃及的繁荣非比寻常。埃及的领土不仅包括尼罗河流域，而且还延伸至亚洲，占领了巴勒斯坦、腓尼基、叙利亚南部（Coele - Syria，科勒伊叙利亚），以及除塞浦路斯之外的其他一些岛屿。首都亚历山大里亚或许是世界上文化氛围最浓厚的城市，世界各地学者都在这里寻找自己的归宿。埃及钟爱和平，尽自己最大可能远离这一时期发生的大规模战争。但埃及却是叙利亚国王和马其顿国王嫉妒的对象。第二次布匿战争结束时,出于自我保护之目的,埃及与罗马结盟。在同另外几个东方大国发动战争时,罗马与埃及之间保持着友好关系。

【安提奥库斯三世治下的叙利亚】亚历山大帝国被瓜分后,亚洲最重要的部分是叙利亚,或塞琉古王国(Seleucidae),这一称谓来自其建立者——征服者塞琉库斯(Seleucus)。地域覆盖西亚大部分,包括幼发拉底河流域、上叙利亚,以及小亚的一部分。统治者中,前四个称为塞琉库斯,后八个名曰安提奥库斯(Antiochus)。叙利亚帝国的一些重要城市也以这些国王的名字命名,塞琉西亚(Seleucia)位于底格里斯河,安提柯(Antioch)位于上叙利亚。在这些国王中,最强有力者莫过于安提奥库斯三世(Antiochus III.),别名安提奥库斯大帝。安提奥库斯三世扩大了帝国的疆域,加强了帝国的实力。但由于为罗马最痛恨的敌人汉尼拔提供庇护,以及企图在欧洲进行征服活动,招致罗马人的敌意。小亚地区的一些小国,如帕加马(Pergamum)、彼泰尼亚(Bithynia)、本都(Pontus),以及罗得斯岛(Rhodes)的罗得斯共和国等,并未被叙利亚王国所囊括,趋于向罗马人寻求保护。

【马其顿与希腊诸城市】亚历山大帝国三分后的第三部分,是曾渴望在东欧建立霸权的马其顿。希腊的一部分归属马其顿统治,但多数希腊城市保持自由,这些城市组成联盟或联邦,为的是保持独立。其中之一是亚该亚联盟(Achaean league),该联盟由希腊南部或伯罗奔尼撒诸城市组成;另一个则是埃托利亚联盟(Aetolian league),包括了希腊中部数量众多的城市。腓力五世登基时,马其顿王国处于繁荣时期,年轻的国王野心勃勃,想要扩展自己的势力,并与支持希腊各城市的罗马人为敌。

二、第一第二次马其顿战争

【第一次马其顿战争(公元前 215 年至公元前 206 年)】前面提到,第二次布匿战争期间,马其顿的腓力轻率地与汉尼拔结盟,导致罗马与马其顿之间的第一次冲突。但当罗马全力以赴迎战汉尼拔时,所希望做到的只是防止腓力入侵意大利的威胁。因此,罗马派一支小部队,越过亚得里亚海,与埃托利亚人修好,阻止了腓力向外扩张,也限制了马其顿国王向意大利派出军队。然而,埃托利亚人并不满足罗马给予的支持,不久便与腓力五世签订和约,而正在准备入侵非洲的罗马人同样也愿意与腓力五世缔结和约,就此结束了通常称为第一次马其顿战争的战争。这场战争不过是坎尼战役后,阻止腓力五世援助汉尼拔的一种牵制。

【第二次马其顿战争的开始(公元前200年至公元前197年)】第二次布匿战争彻底结束后,罗马可随时惩罚马其顿的腓力,并采取强硬手段处置东方事务。罗马人对腓力异常恼怒,不仅因为腓力与汉尼拔结盟,而且还在日后的札马战役中,派兵支援汉尼拔。此时,腓力野心勃勃的计划令罗马人对他十分怨恨。例如,腓力同意叙利亚的安提奥库斯割占与一个罗马交好的国家埃及的领土。腓力侵袭爱琴海岸,一直威胁小亚的小国帕加马王国、小国罗得斯共和国,以及希腊其他各个城市。当这些国家、城市向罗马寻求保护时,罗马支持这些小国,向马其顿宣战。

【星诺赛法利亚战役(公元前197年)】这场战争中伟大的英雄是T.昆克提乌斯·弗拉米尼乌斯(T. Quinctius Flamininus)。这一决定性的战役发生帖撒利境内,一座名曰星诺赛法利亚(Cynoscephalae,狗头山)小山附近。腓力在这里被彻底击败,他的军队遭全歼。尽管马其顿没有降为罗马的一个行省,但实际上已经成为罗马的臣属。马其顿由此一蹶不振,在欧洲,已无其他势力与罗马霸权抗争。

【解放希腊(公元前196年)】为证明自己作为希腊城市保卫者的合法地位,结束在东欧的战争,罗马撤出了守备部队。在地峡运动会上的疯狂的热情与无节制的感恩声中,弗拉米尼努斯宣布希腊独立。罗马被尊为以自己的付出、努力、独担风险为他人解放进行战争的国家,并越过海洋把公平、正义和法律传布到主权所至的任何地方。

三、同叙利亚安提奥库斯的战争(公元前192年至公元前189年)

【埃托利亚人与战争的开始】现在,世界上只有一个强大势力能够宣称是罗马的对手,这就是野心勃勃统治者安提奥库斯三世统治下的叙利亚。一系列事件导致了罗马与这一亚洲强国之间冲突的发生,但这场冲突的直接原因是希腊的埃托利亚人的各种密谋。骚动的人群在希腊各个城市中挑起了一场纷争,最后,希腊城市向安提奥库斯请求支持,要求帮助这些城市把罗马人赶出希腊。安提奥库斯接受了请求,渡过赫勒斯滂海峡,带领1万人的军队在希腊登陆(公元前192年)。

【德莫比利和马格尼西亚战役】罗马此时作为欧洲抵抗亚洲的保护者身

份出现在历史舞台上。罗马得到了先前的敌人马其顿腓力的支持，也同样得到了帕加马王国和罗得斯共和国的援助。安提奥库斯在希腊的生涯是短暂的。安提奥库斯在著名的关隘德莫比利(Thermopylae，公元前 191 年)，被马尔库斯·波尔西乌斯·加图(Marcus Porcius Cato)打败，渡海撤到小亚。第二年，罗马人跟踪而至，双方进行了亚洲大陆的第一次战争。罗马军队名义上由新任执政官 L. 科尔内利乌斯·斯奇皮奥(L. Cornelius Scipio)指挥，实际上真正的指挥官却是陪伴他的、声名远播的哥哥斯奇皮奥·阿非利加努斯。决定性的战役发生在小亚西部萨尔迪斯(Sardis)附近的马格尼西亚(Magnesia)。4 万叙利亚官兵阵亡，罗马人的损失则微乎其微。斯奇皮奥把和平条款强加给叙利亚，条款要求安提奥库斯：(1)放弃小亚所有领土——其中大部分交给帕加马王国，其余部分领土归属罗得斯共和国；(2)放弃舰队，不得干涉欧洲事务；(3)12 年内支付 1.5 万塔兰特(大约 2 000 万美金)；(4)交出积极参与这场战争的汉尼拔。

【埃托利亚臣服】继马格尼西亚战役的辉煌胜利之后，罗马军队调转矛头，指向了非常愚蠢地继续同罗马为敌的埃托利亚人。埃托利亚人主要城市安布拉西亚(Ambracia)失守，埃托利亚人随之被迫屈服。除了亚该亚联盟之外，马其顿和希腊全境此时都臣服于罗马人的权威。

【汉尼拔的命运】对罗马人而言，札马战役败北的汉尼拔的通敌行为，是在以参与敌方作战的方式，继续与罗马人为敌。但汉尼拔从未忘记在父亲膝下立下的永远与罗马人为敌的誓言。在安提奥库斯同意交出汉尼拔后，汉尼拔逃往克里特，后又到彼泰尼亚国王处避难。在这里，汉尼拔帮助彼泰尼亚国王与罗马盟友帕加马国王作战，依然与罗马人为敌。罗马人对汉尼拔紧追不舍，派弗拉米尼努斯命令汉尼拔投降。但汉尼拔再次逃走，罗马人继续追杀，这位伟大的军人，罗马人曾经最恐怖的敌人，并未落入罗马人之手，喝毒药结束了自己的生命。据说，在汉尼拔死去的同一年(公元前 183 年)，他的最强有力的、战胜他的对手斯奇皮奥·阿非利加努斯也与世长辞。

四、第三次马其顿战争

(公元前 171 年至公元前 168 年)

【罗马人在东方的策略】经过星诺赛法利亚和马格尼西亚两次重大战役，罗马人有理由相信，罗马已经在东方削弱了对手们的实力。但罗马并未在东方地区采取先前在西西里、西班牙所实施的策略，即把这部分被征服的土地变为行省。罗马人名义上还让一些东方国家保持自由和独立,将这些国家作为臣属盟友或纳贡国。罗马强迫这些国家削减军队,向罗马交纳年贡,并承诺未经罗马允许不得进行战争。罗马人相信,以这种手段,可迫使马其顿、叙利亚保持安宁。至于像希腊诸城市、帕加马王国、罗得斯共和国等弱小势力,罗马则充当友好的保护者角色。然而,尽管罗马这一政策宽宏大度,但在许多国家不满情绪仍不断增长,正如我们将要看到的那样,罗马不久便被迫采取新的、更加严厉的措施,以使正在生成的整个帝国保持安宁与秩序。

【第三次马其顿战争的开始】同安提奥库斯战争后期阶段,马其顿腓力成为罗马的忠实盟友。但在战争结束时,腓力认为,他对罗马的忠诚并未得到足够的回报。腓力认为,弹丸小国帕加马、罗得斯的领土大幅度扩增,他本人明显被遗忘。由于罗马人这种漫不经心的轻视,腓力开始考虑恢复旧日的权势。腓力死后,他的儿子珀尔修斯(Perseus)继承了王位,继续构想马其顿摆脱罗马人的支配。珀尔修斯所做的是开发自己王国的资源,组建和加强军队。他甚至开始让希腊诸多城市视自己为抵制罗马进犯的斗士。珀尔修斯不得不对自己的傲慢行为做出解释的时刻很快到来。罗马人十分清楚珀尔修斯野心勃勃的计划,开始着手对马其顿发动新一轮的战争。

【皮德纳战役(公元前168年)】三次不成功的战役之后,罗马人最终把军队指挥权交给了一位有能力将军,坎尼战役阵亡的执政官之子埃米利乌斯·包鲁斯(Aemilius Paullus)。双方军队在皮德纳(Pydna)附近相遇,珀尔修斯惨败。在这里,马其顿方阵最后一次参加大规模战役,罗马军团显示出了更胜一筹的新征兆。2万马其顿人阵亡,1.1万人被俘。据说,此次战役战利品非常多,以至罗马公民从此后免除了各种税赋。包鲁斯得到的凯旋式,恢宏程度前所未有。三天时间里,满载东方战利品的华丽的行进队伍,穿过罗马的各条街道。载有战败马其顿国王的马车,穿过欣喜若狂的人群,接下来则是戴有桂冠的得胜回营的军队,以及用朱皮特·卡皮托里努斯(Capitolinus)徽章装饰,手中持有月桂树枝的得胜司令官。

【马其顿问题的解决】现在的问题是,如何处理多次反抗罗马人权势的马其顿。罗马人既不准备把马其顿降为行省,也不愿意让马其顿保持独立。因此,将马其顿分为四个迥然不同的共和国,彼此之间彻底分开,但又不得不依赖罗马。作为慷慨大度的一个表现,罗马要求马其顿人支付从前支付给马其顿国王数量一半的贡金。但四个共和国彼此毫无关系,既无商贸往来,也不能通婚。所有为马其顿国王提供任何援助的希腊酋长、族长,悉数流放意大利,在意大利他们无法像在自己国家那样煽动暴乱。著名历史学家波利比乌斯(Polybius)也在些亚该亚俘虏中。在此期间,波利比乌斯为他的罗马史宏观巨制搜集了大量资料。

第十七章　罗马人征服步伐放缓

一、征服马其顿和希腊；二、第三次布匿战争与征服非洲（公元前 149 年至公元前 146 年）；三、平定行省

一、征服马其顿和希腊

【罗马策略的变化】我们有时认为，罗马人是带有明确的征服世界的目的，以及带有明确的如何统治被征服地区的清晰理念，开始伟大的征服活动的。事实的确如此。罗马经常违背自己的意志，参与一场接一场的战争。第一次布匿战争开始时，罗马人首次越过狭窄的海峡，进入西西里，未曾想到 100 年后，罗马军队会在亚洲作战。早期，罗马不得不寻找某种在拉丁姆保持和平与秩序的路径，罗马还没有认识到，或迟或早要设计维持世界和平与秩序的方式。但罗马一面成长壮大，一面学习。罗马在学习如何统治世界之前，学会了怎样征服世界。正是在第三次马其顿战争之后，罗马确信自己统治被征服世界的方法不足以维持和平，不足以保持自己的权威。因此，罗马允许被征服国家保持某种程度的自由与独立。但此时，要么是嫉妒刺激了罗马人，要么是被征服民众的反叛与密谋惹怒了罗马人，罗马人决定将这些国家降为更加彻底的附属国。

【马其顿的新骚乱】由于马其顿持续不断的骚乱，使罗马更加坚信新策略的必要性。罗马曾经有过的将马其顿王国一分为四的尝试并不成功。此外，在骚乱中，一个自称腓力的人假冒珀尔修斯之子，煽动民众反叛罗马，甚至在一次战役中打败了罗马军队，但很快被罗马人击溃，“伪腓力”成为阶下囚。

【亚该亚诸城市的反叛】伪腓力煽动的反叛情绪蔓延到希腊。希腊人再

次认为，罗马人给予的自由比奴隶境地还差。事实是，第三次马其顿战争之后，罗马已经解放了被放逐到意大利的亚该亚俘虏，但这些人在放逐中度过许多光阴，依然追忆他们始终钟爱的希腊的复仇精神。希腊各个城市不仅与罗马不友好，而且彼此之间也不和睦。斯巴达希望从亚该亚联盟撤出，向罗马求助。罗马派出特派员前往希腊解决难题，但亚该亚人在科林斯聚会，羞辱了罗马特派员，然后非常轻率地向罗马宣战。

【摧毁科林斯（公元前146年）】镇压希腊的战争接踵而至。战争最初由麦特鲁斯（Metellus）指挥，后由有能力但非常粗野的穆米乌斯（Mummius）指挥。穆米乌斯对希腊人恨之入骨，对希腊文化毫无爱心。亚该亚联盟主要城市科林斯陷落后，大批艺术珍品、绘画、雕塑，以及希腊天才的精美作品被运至罗马，居民被卖为奴隶。根据元老的残暴命令，城市化为灰烬。这是非常野蛮的战争暴行，类似的战争行为在未开化的民族中是常见的。这说明，罗马人还不是完全开化的民族，对艺术的意义一无所知，穆米乌斯的所作所为能够证实这一点。这位粗鲁的执政官告诫把科林斯的雕像、绘画运抵罗马的士兵，谁毁坏或丢失了这些雕像、绘画，应以其他同等价值的物品作抵偿。

【马其顿沦为行省】此时，罗马采取新政策对付马其顿。马其顿王国内部原来划分的几个部分彻底废除，每一个城市或地区直接向罗马派出的总督负责。通过这种新的解决办法，马其顿成为罗马的一个行省。希腊各个城市名义上仍保持自由，但政治联盟被解散，每一座城市通过马其顿总督直接与罗马发生联系。此后，希腊成为亚该亚名下的单独的行省。

二、第三次布匿战争与征服非洲（公元前149年至公元前146年）

【迦太基的复苏】罗马对马其顿采取的新策略，同样用在了迦太基身上。第二次布匿战争结束以来，迦太基人恪守罗马所强加的条约中的各项条款。迦太基放弃了战争，致力于和平事业。迦太基复苏了商业，商船再次在地中海上定期航行，迦太基似乎命中注定再次成为一座富庶和繁荣的城市。然而，迦太基的繁荣却成为导致自己毁灭的原因。对手的复苏，引起了罗马人的嫉妒。一个人们每每提到的故事是，加图（监察官）作为使节前往迦太基，随处可见的富裕和繁荣令加图感到震惊。加图描绘了罗马与海上强国迦太基之间另一场战争的可能性，因此，在元老院的每一次演说，加图都使用同一句话结束:必须消灭迦太基。

【第三次布匿战争的开始】无论是迦太基的强大真的引起了罗马的警觉,抑或仅仅是嫉妒迦太基的商业繁荣,加图的话却成为元老院的策略。罗马人只是在等待时机,将这一策略付诸实践。罗马人很快在迦太基与罗马人先前的盟友,努米底亚国王马斯尼撒之间的争端中找到了机会。在请求元老院惩罚马斯尼撒、保护自己的权益徒劳无果之后,迦太基人异常英勇地拿起武器,捍卫自己的权益。使用武力攻击盟友,对罗马人而言是致命性打击。作为保持和平的担保,罗马人要求迦太基人交出 300 名最显贵家族年轻人作为人质。迦太基照办,交出了 300 名年轻人。后来,罗马人又通知迦太基人,如果想要得到罗马人的保护,不得参与战争,并交出所有武器和军需品。按照这一苛刻的要求行事,迦太基城将失去抵抗能力。罗马人要求迦太基必须放弃已经设防的城市,居民搬迁至距海岸 10 英里的某一地点,换句话说,必须灭掉迦太基。对于如此令人反感、如此无耻的要求,迦太基人不能做出让步,决心殊死抵抗到底。

【围困并摧毁迦太基(公元前 146 年)】迦太基人在最后一场战争中的英勇抵抗前所未有。迦太基没有武器,没有舰船,没有盟友。为了制造新武器,各种神庙变成了生产车间。据说,妇女们割下了自己的长发制作弓弦。为了应付城市长时间遭围困,搜集了各种储备物资,城市也变成了一座兵营。在长达 3 年时间里,勇敢的迦太基人粉碎了罗马人攻占城市的各种企图,确保城池不失。后来,迦太基与外界的陆路联系被切断——迦太基人开始寻找海上出路。但迦太基人的海路联系也被罗马人建造的防波堤所切断——迦太基人挖掘了一条新的通海渠道,并秘密建造了 50 艘战舰,袭击罗马人的舰队。然而,所有这些英勇的抵抗,仅仅是推迟了末日的来临。最后,在斯奇皮奥·阿非利加努斯指挥下,罗马人突破了城墙,逐个街道、逐个房屋地占领了这座城市。迦太基变成了罗马士兵的牺牲品。迦太基的庙宇遭劫掠,迦太基的居民成为战俘被运走。依照元老院的命令,城市被付之一炬。迦太基遭摧毁的同一年(公元前 146 年),科林斯也被毁灭。位于非洲和亚洲的两座城市遭受的恐怖惩罚,是罗马在各地建立绝对权威残忍策略的一个佐证。

【非洲成为罗马一个行省】和马其顿一样,非洲此时成为罗马一个行省。该行省由此前臣属迦太基的所有领土构成。乌提卡(Utica)成为新行省的首府城市,罗马总督在这里居住。曾经支持迦太基的所有城市遭到惩罚,或失去了土地,或缴纳贡赋。因对罗马保持忠诚,努米底亚继续作为罗马的独立盟友。由此可知,每一座城市及其民众的处境,取决于对罗马的忠诚程度。成为罗马人的行省之后,非洲很快变成了罗马化地区。非洲的商业落入罗马商人之手,罗马人的风尚、习俗引入这些地区,拉丁语成为这些地区民众的语言。

三、平定行省

【西班牙的形势】在忙于建立马其顿和非洲两个新行省的同时,罗马人还必须继续保持旧有的在西班牙和西西里两个行省的权威。我们记得,第二次布匿战争后,西班牙被划分为两个行省,分别由罗马总督统治。但除了东海岸之外,罗马人在西班牙的权威并未完全确立。西班牙国内和西海岸一些部落几乎一直处于反叛状态。这些部落中反叛最为强烈的是西部的卢西塔尼亚人(Lusitanians),位于今天的葡萄牙境内,以及西班牙国内伊庇鲁斯河南岸的凯尔特伊比里亚人(Celtiberians)。在征服这些蛮族过程中,罗马人也经常采取欺诈、背信弃义等不文明手段。

【同卢西塔尼亚人的战争】一位罗马将军如何背信弃义,我们可以从苏尔西皮乌斯·伽尔巴(Sulpicius Galba)同卢西塔尼亚人的战争中得到认知。在一支罗马军队遭败绩后,伽尔巴劝说这支部落臣服罗马,允诺这支部落在肥沃的土地上安家落户。当卢西塔尼亚人解除武装,前来接受他们期待的奖赏时,伽尔巴的军队将其包围杀害。但对于罗马的信誉而言,伽尔巴背信弃义的行为受到了谴责。一个名曰瓦里亚图斯(Viriathus)的年轻牧人,是少数逃脱伽尔巴大屠杀的卢西塔尼亚人之一。在勇敢的瓦里亚图斯领导下,卢西塔尼亚人持续进行了9年的战争。最后,罗马将领贿赂了瓦里亚图斯手下的士兵,将瓦里亚图斯杀死。群龙无首,卢西塔尼亚人被迫屈服(公元前138年)。

【努曼提亚战争】西班牙境内另一个制造麻烦的部落,是比卢西塔尼亚人更好战的凯尔特伊比利亚人。在一次战役中,一位罗马将军被凯尔特伊比利亚人击败,被迫签订和约,承认西班牙部落的独立。但元老院——重复了许多年之前考迪昂峡谷之战后的做法——拒绝批准这一和约,把指挥官交给了敌人。这场被称为不名誉的战争仍然在继续,最后围绕凯尔特伊比利亚人的主要城镇努曼提亚进行。和迦太基一样,努曼提亚进行了殊死、英勇的抵抗。也和迦太基的命运毫无二致，被迫向同一位斯奇皮奥·埃米里亚努斯投降（公元前133年）。这里的人民被卖为奴隶，城镇也从地球上消失。

【西西里奴隶起义】在罗马人绥靖西班牙过程中，一场更可怕的起义在西西里爆发，即发生在西西里岛的一场奴隶起义。罗马人征服最糟糕的后果之一是奴隶制的发展。无以计数的战俘在奴隶市场出售。埃米利乌斯·包鲁斯出售了15万奴隶，5万战俘从迦太基带回罗马。意大利和西西里充斥着奴隶人口。正是在西西里，奴隶制结出了第一颗恐怖的果实。因受到主人们的虐待，奴隶们在尤努斯（Eunus）领导下，举行起义，公然反抗罗马政权达3年之久。近20万起义者聚集在尤努斯的旗帜下，四支罗马军队被击败，罗马人惊慌失措。极为惨烈的抵抗过后，起义最后被镇压下去，西西里岛恢复了平静（公元前132年）。

【帕加马国王的遗赠与亚洲行省】罗马通过长时期的战争与征服，最终获得了地中海主人的自豪地位，而漫长的征战却是以和平形式获得一个新的行省为结束的。位于小亚的小王国帕加马，大多数时候与罗马保持友好关系。最后一位国王阿塔鲁斯三世（Attalus Ⅲ.）驾崩时，没有子嗣，便把自己的王国遗赠给了罗马人民。罗马人在这块新获得的领土上组建了新的行省，名曰亚洲行省。小亚其他规模较小的国家、埃及、利比亚、努米底亚作为独立国家，保持着罗马属国的附属关系。此时，罗马在国内外的最高权威已经牢牢确立。

第十八章　作为世界强国的罗马

一、罗马人的政体；二、罗马与行省；三、新文明

一、罗马人的政体

【**征服的影响**】在罗马人最英勇的历史时期，我们可以追寻罗马的成长经历。从罗马人越过西西里海峡开始，到在非洲、西班牙和小亚的最后胜利，我们已经描绘出罗马军队的成长轨迹。我们已经知道，在成为世界最强大国家之前，新建立的各个行省已经置于罗马的权威之下。我们非常想知道，这些征服对罗马人的性格、对罗马人的统治、对罗马文明到底产生了什么影响。无疑，许多影响是非常消极的。通过各种征服，罗马人野心勃勃，为了自身利益迷恋权力，压迫被征服的臣民。通过劫掠异邦，罗马人变得贪婪，对财富的热爱远大于对荣誉的追求，奢侈无度，蔑视父辈们的简朴。但一系列的征服仍然使罗马成为伟大国家。由于异域民族纳入罗马人统治范围，罗马人必须管理这些民族，建立一个能够统治这些民族的法律体制。尽管存在各种各样的消极影响，但罗马人的统治，却是此前从未有过的最为成功的统治。正是这种罗马人确保自己征服成功的方式，展现了罗马人的真实性格。罗马人一系列征服的主要影响是，罗马从世界的征服者，转变为世界的统治者。

【**新显贵**】我们记得，最初罗马人的统治以贵族阶级为基础。我们已经看到了贵族与平民之间的壁垒是如何逐步打破的。旧的氏族贵族已经作古，罗马在理论上变成了民主共和国。每一个在 35 个部落登记注册的罗马人都是全权罗马公民，参与国家管理。但我们也知道，并非罗马政权统治下的所有人都是罗马公民。拉丁殖民地的居民就不是罗马全权公民，他们不能出任官职，只是在特定条件下参与投票。意大利同盟者全都不是罗马公

民,既不能参加投票,也不能担任官职。此时,征服给罗马增加了数以百万计的非公民人口。事实上,罗马世界由居住罗马城内及其四周,相对较少的一部分人统治着。但在罗马这一等级的公民中,甚至逐步形成了一个小团体,这部分人成为政治权力的真正掌控者。这一小团体构成了新显贵——*optimates*。所有那些担任执政官、大法官、牙座营造官——即牙座官职——等官职的人都被视为新贵(*nobiles*),这些人的家族因拥有在家中摆放祖先的蜡制面像的权利(*ius imaginis*)得以显赫。任何公民固然都可以当选牙座官职,但凭借手中的财富,新贵家族有能力影响选举,所以,这些官职实际上把持在新贵手中。

【权高势重的元老院】新显贵通过元老院谋求统治世界。元老由监察官选定,监察官不得不依赖名单确定元老人选,而那些担任牙座官职的人为首要之首要。于是,新贵们的第一个要求是进入元老院,随之逐步形成了一个势力强大的元老团体。一个人一旦成为元老,便是终身元老,除非因某些过分的不良行为名誉扫地。通过这种方式,新贵们控制了元老院,而元老院实际上是罗马政府最有权势、最为稳定的一个部门。尽管元老院是一个排他的、限制严格的团体,但元老院却是由罗马一部分最有能力的人构成的。元老院的元老地位显赫、富有,一般具有非常出众的政治才能。虽然元老院经常为一己私利、个人野心、贪得无厌等动机所影响,但依然是古代世界曾经存在过的、最伟大的统治集团。元老院管理国家财政,掌控公共工程建设,指导外交政策,治理行省,在很大程度上决定了立法的性质,元老院实际上是罗马国家的真正统治者。

【民众大会式微】我们可以自然地推断出,与元老院权势扩大相伴随的是,民众大会权力的衰退。古老氏族贵族的库里亚大会(*comitia curiata*)很久以前便被削弱,形同虚设。但另外两个民众大会——百人队会议、特里布斯会议——作为立法团体,还拥有重要地位。然而,两方面原因导致这两个会议的影响力下降。第一个原因是这两个会议缺乏灵活性。由于两个会议规模扩大,以及回答向两个会议提出的问题时,只能在是与不是之间选择,故此,两个大会成为有煽动力政客的附庸,失去了独立的地位。导致两个大会衰落的第二个原因是一个惯例的形成,即所提出的各种议案,先递交元老院,后由两个大会通过。于是,当元老院在罗马国家的影响力日益增大时,民众大会式微。

二、罗马与行省

【行省体制】罗马人新的政体中最重要的特色是行省的组织机构。此时,罗马拥有8个行省:(1)西西里行省,作为第一次布匿战争的结果而组建;(2)撒丁尼亚与科西嘉行省,设置于第一次与第二次布匿战争之间;(3)远西班牙和(4)近西班牙行省,建立于第二次布匿战争期间;(5)伊里利库姆行省,第三次马其顿战争后建立;(6)马其顿行省(附带亚该亚),毁灭科林斯后建立;(7)非洲行省,第三次布匿战争后建立;(8)亚洲行省,由帕加马末代国王阿塔鲁斯三世遗赠所组建。

罗马人组建这些行省的方法,在某些方面与统辖意大利一些城市有相似之处。罗马人清楚,控制这些新征服的城市和地区,应和意大利的城市一样,必须使这些城市、地区处于分离状态,彻底切断彼此之间的联系,使其无论怎样努力,也无法联合起来抗衡罗马的统治。每一座城市直接对罗马负责。意大利与行省城镇最大的不同之处是,意大利城镇的主要负担是提供军事援助——士兵、舰船,而行省城镇的主要负担是贡赋——金钱、粮食。另一个不同点是,意大利的土地一般都免除了税赋,而行省的土地则必须缴纳赋税。

【行省总督】行省可以界定为:在罗马派出的总督管控下,意大利之外的被征服城市的集合体。最初,总督是由民众选举产生的大法官出任。后来,总督是代行执政官或代行大法官——即在罗马任职大法官、执政官期满的官员。总督任职为一年。在任期间,总督是行省最高军事、民事长官。总督是行省军队的总司令,罗马人希望总督能够保护领土免遭外敌侵略,并不受内乱袭扰。总督在掌管账目的营造官协助下,控制税收。总督同样管理行省居民之间的司法事务。尽管总督对元老院负责,但行省居民的苦与乐主要依赖总督的禀性与意愿。

【行省的城镇】行省的城镇全部隶属罗马,但罗马对待这些城镇的策略却不尽相同。像意大利的各个城市一样,行省的城镇依据各自不同的功过,划分为不同等级。有些城镇是受到优待的,如伽德斯、雅典被视为盟友城镇(*civitates foederatae*),其他城镇,如乌提卡则被免除了贡赋(*immunes*),但绝大多数城镇则被视为纳贡者(*stipendiariae*),所有这些城镇共同拥有地方自治政府,以便与罗马的主权保持一致,即这些城镇拥有自己的法律、民众大会和各级地方官吏。

【司法】在民事诉讼方面，城镇的每一个公民都接受所在城镇官吏的判决。但当不同城镇的公民之间发生争讼时，总督有义务进行裁决。总督任职之初，通常颁布法令，宣布裁决城镇公民争讼的各种法则。每一个继任的总督都重申前任总督颁布的法则，以及他认为应有的一些变动。通过这种方式，行省各地的司法保持了公正，许多法律原则形成的内容丰富的文本，称之为万民法(*ius gentium*)，也构成了罗马法的重要组成部分。

【税收】罗马人的税收主要来自新建立的各个行省。罗马人的这些税收不是通过自己的官吏征收，而把征税事务租让给称为包税商(*publicani*)的一些高利贷施放者。这些人同意支付给国库一定数额的金钱，以换得在某个行省征税的权力。无论他们征收的税赋高出所定数额多少，全部为他们个人所侵吞。这种被称为包税的粗野的征税模式，有损于像罗马这样伟大国家的形象，也是行省居民受压迫的主要原因。总督固然有能力保护行省民众免受掠夺，但由于行省总督无薪俸，于是全身心地忙于聚敛财富，乃至不会密切关注收税者的征收手段，除非离开行省。和其他所有征服民族一样，罗马人对以牺牲臣属为代价，给自己谋得利益充满兴趣。

三、新文明

【外来影响与希腊文化】当思考罗马的征服问题时，我们通常会想到罗马人打败的各国军队，征服的土地。但这些不是罗马人征服的全部。罗马不仅占领了外邦的土地，而且获得了国外的思想。在罗马抢劫外邦人神庙时，也同时得到了宗教与艺术的新思想。那些战争中被俘、被罗马人卖为奴隶的有教养、开化的人群，每每充当罗马人孩子的教师，以及罗马人各种图书的写作者。通过这些途径，罗马深受外来思想影响，最大的外来影响是希腊的影响。我们可以说，在罗马征服希腊后，罗马也被希腊所开化。这些外来影响在罗马人的宗教、哲学、文学、艺术和生活方式中随处可见。

【罗马人的宗教】在罗马与其他民族发生联系过程中，我们能够看到外来影响是如何作用于罗马宗教的。罗马人的家庭崇拜变化无多，但国家宗教却发生了巨大改变。据说，希腊人的奥林匹斯神系悉数引入意大利。罗马人接受了希腊的思想和关于诸神的各种传说，罗马人的拜神活动更加华丽、更加精致。甚至亚洲一些迷信的、奇异的礼拜仪式，也找到了进入罗马的路径。这些变化并未提高宗教的价值，相反，却使宗教更加堕落。由于吸收了其他民族的各种思想,罗马人的宗教变成了世界范围的、与异教形式混合的宗教。罗马宗教的一个可取之处是对高尚品德的崇拜,如荣誉和美德;在朱诺神庙旁边,罗马人还建造了忠诚与希望神庙。

【罗马人的哲学】更多受过教育的罗马人对宗教失去了兴趣,致力于希腊哲学研究。他们研究诸神的本质,以及人的各种道德义务。通过这种方式,希腊哲学思想找到了进入罗马的路径。和斯多噶派一些思想一样,这些思想的地位正在提高,倾向于保护罗马人古老性格中的简朴与道德力量。但诸如伊壁鸠鲁学派等等更多的观念,似乎证明了欢乐与奢侈生活的正当性。

【罗马人的文学】在同希腊人发生联系之前,不能说罗马人拥有真正称得上文学的任何文学。罗马人有一些粗糙的诗句和歌谣,是希腊人第一次教授罗马人如何写作。到第一次布匿战争结束时,希腊人的影响日益增强,我们开始见到拉丁作家的名字。据说,第一位作家安德罗尼库斯(Andronicus)曾经是一个希腊奴隶,模仿荷马写了一首拉丁诗歌。接下来是内维乌斯(Naevius),把希腊人的审美与罗马精神联系在一起,创作了描写第一次布匿战争的诗歌。内维乌斯之后,恩尼乌斯(Ennius)教授罗马人希腊语,创作了一首关于罗马史的长诗,称为编年史。希腊人的影响在两位最伟大的喜剧作家普劳图斯(Plautus)和泰伦斯(Terence)的作品中,在以希腊语写作罗马史的法比乌斯·皮克托(Fabius Pictor)作品中同样可以见到。

【罗马人的艺术】如同罗马人是一个实干的民族一样,罗马人最早的艺术表现在他们的建筑中。罗马人从伊达拉里亚人那里学到了使用拱形技术,建造坚固、巨大的建筑。但罗马人更优雅的艺术特色是从希腊人那里获得的。在罗马人从不希望获得希腊人纯粹的审美精神时,罗马人却为搜集希腊艺术作品,以及用希腊人的装饰品装潢自己的建筑的热情所驱使。罗马人模仿希腊人的榜样,因此,罗马人事实上成为希腊艺术的保护者。

【罗马人的生活习俗与道德】对于我们而言,把一个尚武国家视为一个优雅民族的国度是困难的。罗马人战争中的暴行,似乎与生活的美好艺术相互矛盾。但罗马人在战争中获得了财富,受到了更加开化的邻人文雅的影响。诸如斯奇皮奥·阿非利加努斯等人,对希腊思想与风俗的引入抱有好感;而诸如监察官加图等人却强烈反对希腊思想与风俗。失去了先前的简朴后,罗马人沉迷于奢靡,钟情炫耀与浮华。罗马人的餐桌上摆满了各种精致的餐具,遍寻陆地和海洋的美味佳肴,以满足自己的味蕾。罗马文化往往是做作多于真实。自称文雅过程中,罗马人野蛮精神的残余,在娱乐活动中,特别是角斗士表演中一览无遗。在角斗士表演中,为取悦罗马人,人被迫与野兽搏斗,或彼此之间进行搏斗。

概括而言,我们可以认为,通过征服,罗马人变成了某种意义上的伟大与开化的民族。罗马人占有、保护了古代世界诸多最好的要素;但罗马人自私、野心勃勃、贪得无厌,缺乏属于人类文化最好典范的慷慨精神和真诚的品位。

第六阶段:共和国覆亡(公元前133年至公元前31年)

第十九章 格拉古兄弟时代

一、内乱的起因;二、提比略·格拉古改革;三、盖约·格拉古改革

一、内乱的起因

【新时期的性质】如果我们将已接触到的上一时段的历史视为罗马史上最英勇的时期,那么接下来所要接触的历史则是最令人痛心的一段历史,更是最令人关注的一个时段。之所以称之为最令人痛心的一段历史,是因为此时的各种内乱把罗马国家撕成了碎片,征服者调转矛头对准自己人。之所以称之为最令人关注的一段历史,是因为这段历史向我们展现了一批从未出现过的最伟大的人物,这些伟人的名字是世界历史的一部分。现在,吸引我们注意力的不是对外战争,而是各种各样的政治问题、党派之争,以及各党派领袖之间的相互敌对。我们将看到,正是由于这一切,共和国一步步走向倾覆,终为帝国所取代。

【罗马人的分层】为理解这一时期的冲突,我们应首先对罗马世界不同阶层有一个清晰的概念。我们简单考察一下罗马社会的不同等级。

首先是元老阶层——这些人把持着高级官职,为元老院提供元老,是国家的真正统治者。其次是骑士阶层(*equestrian order*)——该阶层的成员被称为骑士。因手中的巨额财富,这些人构成了罗马的富裕阶层,也是罗马的财主阶层。他们通过各种投机买卖,尤其是通过行省税收发财致富。这两个阶层构成了罗马的贵族阶层。

在这两个等级之下是人数众多的城市居民——贫穷的工匠和贫民,这些人构成了暴民和乌合之众的主体,他们依赖公共施舍和竞选官吏者的贿赂过活,以国家或富有公民提供的公共演出为娱乐。除这些人之外,还有生活在罗马城四周土地上贫困的乡村农夫——农民,他们中的许多人已被债

权人或政府贪得无厌的政策剥夺了土地。这两个阶层构成罗马贫困公民群体。

在罗马固有的领土以外,是拉丁殖民地人口,他们被安置在已征服的意大利土地上,实际上没有任何政治权利,社会处境与罗马的农民极为相似。除拉丁殖民人口之外,意大利同盟者很早便臣服罗马,但却未得到任何公民权利。这两个等级构成了意大利的臣属人口。

此时,如果我们离开意大利,我们还会发现人口数量巨大的行省居民,他们中的某些人得到了免除赋税的优待,但绝大多数必须向罗马缴纳贡赋,所有这些人都没有罗马公民权和公民的各种特权。

最后,处于罗马社会最底层的是奴隶。奴隶没有公民权,甚至没有人的各项权利。奴隶中的一部分,即家庭奴隶的处境相对好一些,而那些在土地上劳作的奴隶处境悲惨,白天,用锁链成群地锁在一起;夜间,则被关入监牢。

由上可知,元老与骑士构成了贵族阶层;城市社会下层、罗马城周围乡村的农夫构成的是贫苦公民阶层;除了奴隶之外,拉丁人、意大利人和行省居民则构成了没有公民权的社会阶层。

【罗马统治体制的各种缺陷】当我们考察罗马人中间的各个阶层时,我们能够得出这样的结论:罗马人统治体制存在着某些根本性缺陷。正如我们所了解的,大量的人口被排斥在各种政治权利之外,拉丁人、意大利人、行省居民,以及奴隶不能参与国家政权。这似乎与罗马早期推行的政策背道而驰。我们记得,早在罗马开始大征服之前,罗马便开始着手实施"一体化"(*incorporation*)政策。罗马在奎里纳尔山接纳萨宾人,在凯里安山安置鲁克莱斯人(Luceres),以及城市平民和罗马城四周的乡村部落。但此后,罗马摈弃了这一政策,不再接纳被征服的国民。此为罗马人统治体制的第一个缺陷。

然而,即使那些获得公民权的人,也无法以有效的方式行使自己的权利。无论在哪里,罗马公民都必须回到罗马城参加投票,或参与法律的制定。一旦在罗马广场或在马尔斯校场集会,罗马公民便构成了一个庞大的、行动不便的群体,该群体无法处理任何重要的政治事务。罗马从来都不知道,在一个庞大的国家,如果没有代表制——即民众选举出为数不多的主要人物保护选民的利益,为选民制定法律——是不可能建立民主政权的。放弃一体化政策,以及代表制原则的缺位,是罗马政治体制的两个巨大缺陷。

【爱国主义的衰退】我们不可以因没有发现代表制的价值,对罗马人求全责备,因为罗马人的统治体制被视为现代政治体制的前身。但我们必须指责那些自私自利的国家统治者,他们缺少真正的爱国主义精神。无疑,罗马的确存在某些忠诚于公共福祉,富有爱国主义的罗马人,但绝大多数统治国家的罗马人,在整体上对一己私利的关注,远远大于对国家的忠诚。贵族阶层通过战利品和官职肥缺中饱私囊。与此同时,普通公民、意大利人和行省居民的各项福祉与权利每每被遗忘或遭淡漠。

【大地产的发展】导致内战的原因之一是,由于大地产发展导致的意大利各地民众的悲伤与不幸。许多年以前,民众拥有自己小农场,能够通过农场维持基本生计。各项法律的通过——尤其是李锡尼乌斯法案(*Licinian laws*)——保证公共土地以使穷人受益的方式分配。但从李锡尼乌斯法案通过到此时,已经两百多年过去了,这些法律已形同虚设。富有的地主们所拥有的大地产吞并了许多小农场,小农场主阶层几乎消失。这种变化惠及一个罗马人的阶层,却以牺牲另一个阶层的利益为代价。后来的罗马作家普林尼看到了这种变化对罗马体制的灾难性影响,认为是大地产毁灭了意大利。

【奴隶劳动的弊端】然而,这还不是问题的全部。如果失去土地的贫苦农夫可以通过在富有的地主们的大地产劳动,获得较好的收入,那么这些小土地所有者依然有某些谋生之道。但这一切都与他们无缘,各处的大地产都使用奴隶劳作。因此,奴隶制、大地产是加速把意大利带到毁灭边缘的重要原因。

二、提比略·格拉古改革

【提比略·格拉古的性格】第一个纠正罗马现存各种恶行的真诚努力是提比略·塞姆普罗尼乌斯·格拉古(Tiberius Sempronius Gracchus)做出的。提比略·格拉古是努力施惠于自己同胞,牺牲自己生命的两兄弟中的哥哥。两兄弟的母亲是高尚的科尔内里娅(Cornelia),伟大的斯奇皮奥·阿非利加努斯之女,是完美母亲的典范,她把儿子视为比黄金更珍贵的宝石。她教导自己的儿子热爱真理,热爱自己的国家,追求正义。提比略年轻时,在西班牙的罗马军队服役,指挥官为征服迦太基和努曼提亚,名声大噪的斯奇皮奥·埃米里亚努斯。据说,提比略·格拉古穿过伊达拉里亚,在进入和离开西班牙途中,看到成群奴隶耕作的肥沃土地,深受震撼,而与此同时,成千上万的自由公民却生活在失业和贫困之中。

【提比略·格拉古的土地法】提比略·格拉古当选为保民官,开始着手改革(公元前133年)。他确信,罗马民众的窘迫境地主要是由于公共土地的分配不公,尤其是推行李锡尼乌斯法案的失败造成的。因此,提比略·格拉古提议恢复这些法律,每人占有公地限定为500尤格(大约300英亩),支付给那些改良土地的现有土地所有者相应款项,把那些被占有的土地出租给公民中贫困阶层。这种做法看上去非常公平,因为国家是公地的真正所有者,国家能够按照自己的意愿行事。但那些富有的地主拥有这些土地已经很多年,认为该项措施是在拿走属于自己的财产。当重新分配这些土地时,守旧的元老派和提比略追随者之间爆发了激烈的冲突。

【提比略·格拉古的违法行为】提比略·格拉古置元老院于不顾,决定通过自己的法律。另一方面,元老院同样决定阻止该项法律通过。于是,元老们劝说一位保民官 M. 奥克塔维乌斯(M. Octavius),在通过格拉古的法律时投否决票。奥克塔维乌斯的这一行为是完全合法的,因为法律赋予了保民官该项权利。身在另一方的提比略为胜过对手,采取了一项专断措施。在选举新的忠诚于人民事业的保民官的年份尚未到来之际,提比略召集民众,剥夺了奥克塔维乌斯的保民官职务。提比略的这一举动是违法的,因为没有法律认可这一行为的正当性。但民众却按照提比略的安排行事,罢免了奥克塔维乌斯。提比略的法律在特里布斯会议上获得通过,并选出三名委员实施该项法律。

这件事自然激怒了元老,元老们决定在提比略任职保民官期满后,对他进行起诉。提比略清楚,只要自己担任保民官,人身便神圣不可侵犯,对他进行指控无从谈起。于是,提比略宣布自己为连任保民官候选人。提比略的这一举动还是违法的,因为法律规定,两任保民官的间隔时间为10年。

【提比略·格拉古的失败】提比略的法律和程序虽然获得了通过,但此时被称为贵族派(*optimates*)和平民派(*populares*)之间的怨恨也随之增加。元老们宣布提比略为叛国者,民众却将提比略赞为爱国者。选举保民官的日子到来了。两个部落投票否决提比略连任,大批元老在斯奇皮奥·纳斯卡(Scipio Nasica)率领下,手持棍棒出现在罗马广场时,暴乱跟踪而至,提比略·格拉古及其300名追随者遭杀害。这是罗马内战中第一场流血冲突。元老们杀害保民官和罢黜奥克塔维乌斯同样不合法。两大派别都对法律置之不理,一场革命开始了。

三、盖约·格拉古改革

【盖约·格拉古的崛起】提比略被杀后,他的法律一度得以实施,委员们继续推进土地再分配。但民众暂时失去了真正的领袖。改革的事业后来由提比略·格拉古的兄弟盖约·格拉古继承,冲突因此再度发生。盖约在许多方面比提比略能力更强。盖约不再拥有真诚与爱国精神,但却是一个宽宏大度的政治家,对形势有比较清醒的认识,没有把注意力仅仅集中在解救贫苦公民方面。他确信,要使罗马摆脱纷扰,削弱元老院的权力是必要的,元老院的自私和贪得无厌的政策,只会给罗马带来更多的麻烦。盖约还认为,拉丁人、意大利人和贫困的罗马公民都应当受到保护。

【盖约·格拉古各项惠民努力】盖约·格拉古当选保民官时(公元前123年),他的影响力一度无人企及。盖约·格拉古口才出众,且有说服力,尤其是他控制了政府。从他的各项法律中,我们选择了那些最重要的,最能表现他总方针的内容。首先,他通过一项真正的,也是他所有措施中,给他招惹是非最多的法律,他试图通过这一法律对民众提供帮助,这便是盖约著名的《粮食法》。该法律倾向于保护那个时候罗马城中,麻烦重重且不容易掌控的贫困人口。该法律规定,罗马公民可从罗马公共粮库中,以低于市价的价格购买粮食。因依靠救济过活的人从意大利各地聚集罗马城,依赖公共粮仓提供食物,故罗马城的贫困人口有增无减。《粮食法》成为罗马的一部永久性宪法。我们可以判断该法律产生的恶果:据说短时间内,将有32万公民仰赖政府为他们提供食物生存。盖约或许不知道该法律注定所要产生的恶果,但无论如何该项法律受到了下层民众的欢迎。后来,盖约修改了哥哥的土地法,同样规定在意大利一些地区,甚至在各个行省建立殖民地,以安置穷人。

【盖约·格拉古削弱元老院的努力】盖约确信,只要元老院势力强大,他的各项措施只能是临时解困。当然,推翻元老院是不可能的,但削弱元老院手中的某些权力却是可能的。到目前为止,陪审法官(*iudices*)从元老中选拔,刑事案件和勒索敲诈案件由元老组成的陪审团审判。盖约通过一项法律,剥夺了元老出任陪审法官的权力,将此项权力移交给骑士,即元老院之外的富有阶层。该法律给予了骑士更重要的政治地位,盖约赢得了骑士阶层的支持,也等于把贵族阶层一分为二。元老院不仅失去了出任陪审法官的权利,而且也失去了从前对元老院友好的富人的支持。这是平民派的伟大胜利,盖约则期待着另一场胜利。

【盖约给予意大利人选举权的尝试】第二次当选保民官之后,盖约·格拉古着手实施将罗马人的选举权扩大至意大利人的宏伟计划。这是盖约所有措施中最明智的举措,但也是削弱他的名望和影响力的一项行动。这一行动引发了贫困公民的嫉妒,他们不希望外邦人分享他们的权利。元老们利用了盖约不得民心的做法,摆出了民众友人的姿态。元老们说服了保民官之一德鲁苏斯(Drusus)扮演民众领袖的角色,提出马上建立12个新的殖民地,每个殖民地安置3 000罗马公民。盖约·格拉古所有的改革由此黯然失色。罗马民众为德鲁苏斯的阴谋所迷惑,盖约给予意大利人选举权的努力以失败而告终。

【盖约·格拉古的失败与死亡】第三次竞选保民官时,盖约没有获得他所期待的成功。大多数民众抛弃了盖约,元老院再次恢复了权势。不久前,一项禁止公共土地再分配的新法律(*lex Thoria*,《托利法》)得以通过。盖约所尝试的各种改革失败了,但人们认为,盖约做成了在他死后依然存在的三件事:(1)提升了骑士阶层的地位;(2)建立了罗马穷人的法律,或粮食施舍体制;(3)把殖民体制扩展至各个行省。盖约在一场骚乱中丢掉了性命,他的3 000名追随者亦遭杀戮(公元前121年)。

格拉古兄弟以相似的方式遭遇死亡,他们都试图拯救民众摆脱腐败统治。他们土地改革的各种努力并未产生持续性影响,但他们指出了国家的种种危机,指出了他们后继者继续争斗的各种问题。格拉古兄弟的生涯构成了罗马大规模内战的第一阶段。

第二十章　马略和苏拉时代

一、马略崛起；二、同盟战争与苏拉崛起；三、马略苏拉之间的内战；四、苏拉独裁（公元前82年至公元前79年）

一、马略崛起

【内战的新阶段】格拉古兄弟时代，因两位爱国者试图革除国家种种弊端，各种纷乱与日俱增。罗马城内的暴乱，以及不同派别之间的火并，令罗马人血流成河。此时，当不同的政治党派向军队寻求帮助，当内部冲突演变为真正意义的内战时，公民的性命与党派乃至政治领袖的功名相比，似乎一文不名。要理解革命的第二阶段，应考虑格拉古兄弟覆亡后罗马城的形势，考察马略是如何作为平民派领袖登上历史舞台的，以及马略是如何被作为贵族派领袖的苏拉推翻的。

【贵族的腐败统治】格拉古兄弟失败后，贵族统治得以恢复，政府比从前更加腐败。元老们经常徒有虚名，也没有界限清晰的政策。元老们似乎仅仅渴望权势和中饱私囊，对民众的疾苦漠不关心。提比略·格拉古尝试建立的小农场再一次被大地产吞并，行省居民则被沉重的赋税压垮，奴隶被迫举行起义，海盗肆虐海上，边境遭受外敌威胁。

【朱古达战争与马略（公元前111年至公元前105年）】非洲战争第一次吸引了元老院的注意力。除了揭示罗马如何腐败，以及把一个后来成为平民派领袖的伟大军人推向前台之外，这场战争没有更多值得关注之处。

非洲的战争由朱古达自己在努米底亚称王导致。众所周知，努米底亚王国是罗马的盟友。但元老院派出的官员在非洲一登陆，便被朱古达收买。罗马人被激怒，对朱古达宣战。战争指挥权落入执政官L.卡尔普尔尼乌斯·比斯提亚(L. Calpurnius Bestia)之手。比斯提亚刚刚抵达非洲,便又被朱古达收买,比斯提亚与朱古达媾和。罗马人再次义愤填膺,把朱古达传唤至罗马,为指控比斯提亚举证。在朱古达来到公民大会,准备举证时,已经被非洲人黄金收买的一位保民官对朱古达举证程序投了否决票,因为让一个接受贿赂的保民官,惩罚受贿的执政官是不可能的。直至朱古达的对手遭暗杀,他才离开罗马。在把罗马称为一座可以贿赂的城市时,朱古达表达了个人的观点:罗马腐朽透顶,随时随地就可以找到一个买主。

努米底亚的战争在新任执政官 Q. 凯利乌斯·麦特鲁斯(Q. Caecilius Metellus)指挥下继续进行。麦特鲁斯选择一个鲁莽的普通士兵,但的确有战争天赋的盖乌斯·马略(Gaius Marius)为手下将军。马略的巨大成功是当选执政官,并取代了麦特鲁斯在非洲的最高军事指挥权。马略把罗马人的期待变成了现实,打败了非洲之敌,将朱古达生擒。罗马人给予马略隆重的凯旋式,被俘国王用锁链牵引出现在凯旋式中,马略成为罗马人的英雄。

【马略与辛布利战争(公元前 113 年至公元前 101 年)】但此时,更伟大的荣耀正等待着马略。马略离开非洲之际,罗马遭受到北方蛮族大举入侵的威胁。来自日耳曼的勇猛的辛布利人(Cimbri)和条顿人(Teutones)涌入高卢南部,侵占了新建的纳尔滂南西斯(Narbonensis)行省(公元前 120 年建立)。想要阻止这些野蛮的侵略者似乎是不可能的,一支接一支的罗马军队遭败绩。据说,6 万罗马官兵在罗恩河畔的阿劳西奥(Arausio)战役(公元前 107 年)中阵亡。通往意大利的道路似乎已经打开,所有人都把目光集中在了马略,这位唯一能够拯救罗马的军人身上。在举行凯旋式的同一天,马略再度当选为执政官,并被委以新的军事指挥权。第一次任职结束后,直接连任执政官的做法与法律相悖,但罗马人确信,战争期间,法律是沉默的。

马略着手重组罗马军队。罗马军队不再是依据财富安排的、未经过训练的公民团体,而是来自社会各个阶层,忠于自己将领、受过训练的军人团体。凭借一名真正军人的判断力,马略决定在迎战可怕的敌人之前,做好充分准备。辛布利人暂时转向了西班牙,马略则在罗恩河畔耐心坚守,训练手下的部队,守卫着通往阿尔卑斯山的各条道路。伴随时间的推移,罗马人对马略的信任也在继续,马略连续第三次第四次当选执政官。蛮族终于再次出现,准备入侵意大利。一方面条顿人计划从西部入侵意大利;另一方面,辛布利人则准备越过阿尔卑斯山,进入意大利的东北角。马略安排自己的部队对付条顿人,派遣他的同僚 Q. 鲁塔提乌斯·卡图鲁斯(Q. Lutatius Catulus)迎战辛布利人。在阿凯·塞克斯亚(Aquae Sextiae)战役中,马略歼灭了条顿人的主力部队(公元前102年),罗马人第五次选举马略为执政官。辛布利人很快越过阿尔卑斯山,并驱赶卡图鲁斯渡过波河。马略与卡图鲁斯联合,打退了蛮族,并在维切里(Vercellae)附近全歼了辛布利人(公元前101年)。意大利由此得以保全。由于两场战争的胜利,罗马人给予马略规模宏大的凯旋式,庆祝仪式空前壮观。罗马人把马略敬为国家拯救者,第二个卡米卢斯,第三个罗慕路斯。

【作为党派领袖的马略】此时,马略的声望无以复加。在此之前,从未有过任何人声望超越马略。马略作为普通人的一员时,平民派领袖们看到了马略如日中天的名望会为他们的事业提供帮助。

格拉古兄弟死后,两个渴望成为平民派领袖的人是萨尔图尼乌斯(Saturninus)和格劳西亚(Glaucia)。两人此时与马略结盟,马略第六次当选执政官。这种结盟是一种政治结盟,宣称以民众利益统治国家,但却遭到元老派一方的强烈反对。和格拉古兄弟时代一样,骚乱发生,罗马城内的各条街道再次被鲜血染红。元老院要求身为执政官的马略平息骚乱。马略不情愿地应允。在随后发生的冲突中,马略的两个同僚萨尔图尼乌斯和格劳西亚死于非命。马略此时声名狼藉。先是与平民领袖结盟,然后又屈从元老院,双方都对马略失去了信任。尽管作为一名军人有伟大之处,但作为一个党派的领袖,马略却显示出能力之欠缺。为了恢复自己的名望,马略离开了罗马,希望在形势对自己有利时,重返罗马。

二、同盟战争与苏拉崛起

【罗马与意大利同盟者】在马略遭到失败,以及他的两个同僚被杀之后,元老院再次恢复了对政府的控制,但各种骚乱依然继续。意大利同盟者此时强烈要求自己的各项权利,如果他们的要求得不到满足,便以战争相威胁。我们记得,在罗马征服意大利时,并未给予意大利人公民权。意大利人成为臣属盟友,但不能参与国家治理。意大利同盟者为罗马军队提供军队,帮助罗马称霸地中海。故此,意大利人确信,他们有资格获得罗马公民的所有权利,一些拥有爱国心的领袖也持有同样观点。但打破罗马人与意大利人之间的差别,似乎和许多年之前消除平民与贵族之间的界限同样艰难。

【德鲁苏斯的努力及其失败】危机时刻,新的改革者出现了,他就是与盖约·格拉古对立的德鲁苏斯之子,保民官M.李维乌斯·德鲁苏斯(M. Livius Drusus)。德鲁苏斯心地善良,他似乎相信国家所有的麻烦都可以通过一系列的折中方案解决。高尚的品质,纯粹的动机,慷慨的性格,德鲁苏斯试图取悦任何人,在取悦所有人中达到目的。首先,取悦于民众,德鲁苏斯提议增加谷物施舍,通过引进和从前银币价值相等的、较为廉价的铜币,使支付更加方便;其次,为使元老与骑士之间达成和解,德鲁苏斯提议陪审法官从两个阶层中选择,使权力在两者之间分配;最后,为满足意大利人的各项要求,德鲁苏斯提议答应赋予意大利人罗马选举权的请求。

提出这些法律是一回事,使这些法律获得通过却是另外一回事。由于最后一项法律不得人心,德鲁苏斯为了使前两项法律获得通过,开始联合骑士和民众。在暴力和冲突中,两项违背元老院意愿的法律获得了通过。元老院宣布德鲁苏斯的法律无效。在漠视元老院的提案不具有法律强制力的同时,德鲁苏斯转而把授予意大利人选举权的法律提交给民众大会。但该项法律招致罗马人和站在元老院一边的人的反感,元老院宣布德鲁苏斯为卖国贼,罗马人也抛弃了德鲁苏斯。这位宽宏大度、不切实际的改革家最终被不知名的刺客杀死,他的所有努力随之烟消云散。

【意大利同盟者起义(公元前 90 年)】德鲁苏斯之死引发了意大利人的起义。这场战争之后便是历史上著名的同盟战争,或同盟者(*socii*)战争。实际上,同盟战争是意大利人起义的继续。此时,意大利同盟者的目的不仅要获得罗马人的选举权,而且要建立一个人人平等的意大利人的国家。于是,意大利人建立了一个以位于亚平宁山脉的科菲尼乌姆(Corfinium)为中央政权的新型共和国。这个新国家模仿罗马政府,设有 500 人的元老院、两名执政官和其他高级官职。中部和南部意大利几乎所有人都参加了这次起义。

此时的罗马面临着毁灭的威胁,威胁不是来自诸如辛布利人和条顿人这样的外敌,而是来自自己的臣属。爱国主义精神被唤醒,各党派之间暂时停止争吵,马略甚至返回罗马,以大将军的身份在军队服役。10 万军队在战场上与相同数量的起义者交锋。第一年,战事对罗马不利。第二年(公元前 89 年),罗马人重整旗鼓,任命了新的指挥官。由于年龄关系,马略不能继续出任指挥官,曾是马略下属的 L. 科尔内利乌斯·苏拉(L. Cornelius Sulla),在坎帕尼亚被任命为总指挥。马略对这种轻视感触颇深,开始嫉妒自己这一年轻对手。结束战争的巨大荣耀应归功于庞培乌斯·斯特拉波(Pompeius Strabo,伟大的庞培之父)和苏拉。意大利人的第一个首都科菲尼乌姆被庞培乌斯攻克,第二个首都为苏拉占领(公元前 88 年)。同盟战争就此结束,但对意大利却是一场巨大的灾难。粗略估算,大约 30 万罗马人、意大利人在这场战争中失去了生命。这种损失的补偿是意大利并入罗马。

【授予意大利公民权】尽管罗马在战场上获得了胜利,但意大利人也得到了战前所要求罗马人的公民权。罗马人答应授予公民权的条件是:(1)所有拉丁人和意大利人在战争中保持对罗马的忠诚(*lex Iulia*,《尤里亚法》公元前90年);(2)每一个意大利人在《普劳提亚和帕皮里亚法》(*lex Plautia Papiria*,公元前89年)通过的60天之内,由监察官登名造册。每一个符合这些条件的意大利人现在都是罗马公民。中断了很长时间的"一体化"政策,就此得以恢复。罗马人、拉丁人、意大利人之间的差别被打破,至少在意大利半岛范围内如此。意大利的绝大部分并入了罗马领土,意大利和罗马实际上成为一个国家。

【苏拉崛起】同盟战争的另一个后果是苏拉崛起,并对罗马命运产生了巨大影响。战争对于苏拉而言并不陌生,早在朱古达战争期间,苏拉就是马略手下一员骁将。对辛布利人战争中,苏拉表现出了过人的勇气和能力。在意大利战争中,苏拉成为最惹人瞩目的指挥官。因战绩辉煌,苏拉当选为执政官。元老院认为,苏拉是当时最能力的将领,在东方迎击罗马最强悍的敌人本都国王米特拉达梯(Mithridates)时,元老院任命苏拉为指挥官。

三、马略与苏拉之间的内战

【马略的嫉妒】苏拉的名望与日俱增令马略嫉妒万分。尽管年事已高的马略退出了政治舞台,但没有得到东方战争的军事指挥权,依然觉得大失颜面。当苏拉被任命为指挥官时,马略决定,如果有可能便取代苏拉,或以其他途径满足自己的复仇愿望。从这时起,曾经一度拥有伟人素质的马略,却以一个怀有报复心、愚蠢的老人形象出现在人们面前,完全丧失了理性和荣誉感。据说,为了证明自己青春活力不减当年,马略经常光顾马尔斯校场,和那里的年轻士兵摔跤、打拳。此时,这一主要动机使马略成为苏拉和苏拉派的仇敌。

【马略与平民派再度联合】为了在民众中重新获得影响力,马略重返政治舞台,与平民派领袖联合。在这些领袖中,最著名者当属保民官P.苏尔皮西乌斯·鲁福斯(P. Sulpicius Rufus)。借助这位政客的支持,马略希望挽回民众的好感,削弱苏拉支持的元老院的影响,进而取代苏拉。该计划在被称为《普尔皮西安(*Pulpician*)法》中明确提出(公元前88年)。在军队的协助下,该法律得以通过,并派出两名信使前往苏拉处,命令他将军队指挥权转交给马略。撤换元老院合法任命指挥官的法案闻所未闻,即使在革命时期也是如此。

【苏拉向军队求助】如果马略和苏尔皮西乌斯让苏拉平静地接受他们这种粗暴行为,那么两人实在误解了苏拉的性格。苏拉并未离开意大利,他的军团驻扎在坎帕尼亚。苏拉请求他的军队维护他们指挥官的荣誉和权威。军队予以响应,苏拉率领军队开进罗马城。罗马军团第一次在自己首都的街道上摆开战场,政治问题第一次由军队解决。马略和苏尔皮西乌斯被逐出罗马,苏拉暂时独霸罗马。苏拉召集元老院开会,宣布平民派领袖不受法律保护。随后,苏拉宣布苏尔皮西乌斯通过的法律无效,授予元老院此后任何法律在与民众见面之前,拥有批准或否决的权力。凭借军队为后盾,苏拉为所欲为。当按照苏拉的想法,政权安全地落入元老院之手后,他本人离开罗马,前往东方指挥同米特拉达梯的战争。

【马略的逃亡】此时的马略是一个流亡者,一个他曾经拯救的国家的逃难者。普鲁塔克生动地讲述了马略悲凉的逃往、流浪经历。普鲁塔克说,马略从奥斯提亚登船,遭遇风暴,被迫在西尔希(Circeii)登陆,在饥寒交迫中流浪。马略通过回忆儿时曾找到一个鹰巢,里面有7只雏鹰的往事,保持勇气。一个算命先生把发现鹰巢一事解释为,他将7次当选执政官。马略再次登船,在闵图尔内(Minturnae)上岸,但在这里马略被捉,并被判处死刑。奉命执行死刑的一个奴隶听到马略厉声高喊:“胆大包天的家伙,你敢杀死马略?”之后,手中的剑掉在地上,马略逃脱,先游荡于西西里,后来又到达非洲。在非洲,一个落难英雄坐在迦太基的废墟中间。最后,在距离非洲海岸不远处的一座小岛上,马略找到了一个安全的避难处,在那里等待复仇和第七次当选执政官时刻的到来。

【苏拉与米特拉达梯战争(公元前88年至公元前84年)】在马略忍受痛苦和流亡期间,苏拉正在东方收获新的荣耀。登陆希腊后,苏拉发现了一个令人苦恼国家中的各东方行省。本都国王米特拉达梯的势力扩展到小亚大部分地区,已经侵占了罗马人的亚洲行省。米特拉达梯引诱那些已在罗马统治之下的沿岸希腊各个城市举兵反叛,与他结盟。米特拉达梯屠杀了8万生活在亚洲海岸的意大利人,并把军队派往希腊和马其顿,包括雅典在内的许多城市,宣布站在米特拉达梯一边。罗马人在东方的统治近乎土崩瓦解。

正是在这一时刻,苏拉展示了作为一名军人无与伦比的能力。苏拉打败了米特拉达梯的军队，包围并降服了雅典。苏拉在喀罗尼亚(Chaeronea，公元前86年)和欧尔科美诺斯(Orchomenus，公元前85年)两次全歼敌军。4年时间里，苏拉重新树立了罗马人的权威，迫使米特拉达梯同罗马签订和约。战败的米特拉达梯同意放弃所侵占的全部领土，交出80艘战船，支付3 000塔兰特(375万美元)的战争赔款。在强加给不忠诚的小亚各个城市高达2万塔兰特(2 500万美元)的罚金后，苏拉返回意大利，发现自己的党派被推翻，他本人也成为不受法律保护的人。

【秦纳与马略的大屠杀】苏拉离开罗马期间，罗马经历了一个恐怖统治时期。这是一个各个党派通过屠杀对手，寻求支持的历史时段。苏拉离开罗马后，留下两名执政官执掌权柄，一个是苏拉的朋友 Cn. 奥克塔维乌斯(Cn. Octavius)，另一个为马略的朋友科尔内利乌斯·秦纳(Cornelius Cinna)，亦为马略极端狂热的追随者，主张废除苏拉的各项法律，恢复苏尔皮西乌斯的各项法律。但元老院强烈反对这一方案。当各个部落在罗马广场集会，就秦纳的提案进行投票时，奥克塔维乌斯在一场据说1万人丧生的武装冲突中获得胜利。奥克塔维乌斯的胜利是短暂的，虽然被剥夺了官职，但秦纳效仿苏拉，向军队求援。

与此同时，为帮助秦纳的事业，马略从流亡中返回。两支力量联合后，马略和秦纳进军罗马，并占领了罗马城。马略意识到，为自己所遭受的各种不公正的复仇时刻已经到来。城市四门紧闭，大屠杀开始了。第一个牺牲品是执政官奥克塔维乌斯，他的头颅悬挂在广场上。接下来则是元老派的各位领袖。5天时间里，马略疯狂至极，陶醉在血腥中。苏拉友人的尸体随处可见，罗马城到处是杀戮、抢劫和暴行。一场突如其来的屠杀过后，是持续了7个月的恐怖统治。只要遭到马略的猜疑，没有人能保全性命。马略和秦纳双双宣布自己为执政官。但马略第七次出任执政官仅仅几天便死去，一个伟人变成了历史陈迹。

马略死后，秦纳宣称自己为平民派领袖，并以暴君的绝对权力进行统治。他宣布自己是每一年的执政官，同僚由他提名。除了清除苏拉的影响，确保自己的霸主地位之久，秦纳好像并无明确的目的。最终，获悉苏拉逼近的消息后，秦纳率领一支军队阻止苏拉在意大利登陆，但却被手下兵变的士兵杀死。

【苏拉同马略党人的战争】苏拉率4万胜利之师在意大利登陆(公元前83年)。苏拉战胜了海外的敌人，恢复了罗马的统治地位，此时，他着手对付国内的敌人,以重新确立罗马的权威。苏拉把平民派视为革命派,他们的统治没有得到法律与正义的认可。马略死后,Cn. 帕皮利乌斯·加尔波(Cn. Papirius Carbo)、小马略(the younger Marius)和 Q. 塞尔托里乌斯(Q. Sertorius)成为平民派领袖。苏拉登陆意大利没有解散麾下的军队,等于发出了内战的信号。南部意大利宣布站在苏拉一边,许多知名人物将苏拉视为罗马的解放者。苏拉的新盟友中,最引人注目的是一个 23 岁的年轻人,庞培乌斯·斯特拉波之子,后来以"伟大的庞培"扬名的庞培。庞培注定要与苏拉平起平坐。苏拉进兵坎帕尼亚,消灭了一名执政官的军队,另一名执政官率领的军队则集体逃亡。苏拉随后打败小马略指挥的军队,将小马略围困在普莱内斯特(Praeneste)城内。与此同时,庞培掌控了北部意大利。孤注一掷的战役发生在伊达拉里亚的克鲁斯乌姆(Clusium),苏拉和庞培在战役中打败了加尔波的军队。最后,一支加入小马略军队的萨谟奈军队,在罗马城墙下的克里内(Colline)城门被分割成几部分。苏拉下令残忍地屠杀了 6 000 萨谟奈战俘,他所期待的一切显露无遗。

【苏拉的公敌宣判】由于征服意大利,以胜利之师为后盾,元老院的保卫者苏拉,此时成为罗马至高无上的统治者。在开始恢复政权之前,苏拉认为,首先要完成的工作是消灭自己的敌人。有时人们说,苏拉不是有报复性格的男人。让我们看一看他的所作所为。首先,苏拉宣布那些在这场革命中与他对立的民事、军事官吏一律不受法律保护,给予杀死这些官吏的任何人 2 塔兰特(约 2 500 美元)的奖赏;其次,苏拉公布了一份包括苏拉想要杀死的那些公民的名单(*proscriptio*)。苏拉第一批公布了 80 人,第二批 220 人,第三批人数更多,如此往复,直至接近 5 000 公民在罗马被杀。

然而,这种暴行不仅仅局限于罗马城,还扩展到意大利每一座城市。普鲁塔克说,神庙、父宅、亲朋之家,一概不是避难之地。苏拉到达普莱内斯特,没有时间对每个人进行审查,便将所有人带到一个地点,杀死了其中 1.2 万人。苏拉大肆屠戮鲜活的生命,其正义感无法令人信服。内战结束前,著名的喀提林(Catiline)杀死了自己的兄弟,尽管他还活着,但仍请求苏拉宣布他为死囚——苏拉照办。苏拉公敌宣判中遭杀戮者的头颅堆在罗马街道上,引发了公众的憎恶。马略的坟墓被掘开,将其中的骨灰四处扬撒。除了剥夺自己同胞的生命,苏拉还将意大利的许多土地充公,洗劫了多座城市,大片区域变成了不毛之地。导致对马略党人大屠杀的苏拉的公敌宣判,如果不是为复仇的疯狂、暴怒所驱使,那么也是为一个暴君毫无怜悯之心的政策所怂恿。

四、苏拉独裁(公元前82年至公元前79年)

【终身独裁官】苏拉消灭了自己的政敌后,为了元老院和贵族的利益,着手重建政府。苏拉面临的第一个问题是:担任什么官职可以按照自己的意愿行事?格拉古兄弟通过当选保民官,产生了巨大的影响;马略凭借连任执政官达到了权力的巅峰。但苏拉想要得到的官职既不是保民官,亦非执政官。苏拉希望得到的是绝对的权力——实际上是皇帝的绝对权力(*imperium*)。然而,自塔克文被推翻后,无人有胆量采用帝王的称谓。苏拉非常精明地意识到,在不使用帝王名号前提下,如何采用另一种名号行使绝对权力。独裁官事实上是一位临时的国王。若使得该官职变成终身官职,实际上等于复活了皇权。于是,苏拉宣布自己是独裁官,任职时间长短取决于个人意愿。苏拉由此获得了生杀予夺的各种权力,有权征用财产、分配土地、建立或取消殖民地,以及管理行省。

【苏拉政权的军队后盾】苏拉确信,一个强有力的统治者必须随时随地准备抽出刀剑。所以,苏拉无意放弃支持他的老兵。在苏拉的23个军团解散后,这些老兵没有解散,而是安置在作为军事殖民地的意大利。每一个军团由某个城镇中的公民团体构成,充公的土地分配给士兵。军团官兵由此对苏拉充满感激之情,也构成了苏拉认为能够依赖的、忠诚的军事力量。通过这些殖民地,苏拉把自己的统治建立在军队基础之上。

【恢复元老院的地位】苏拉的主要目标之一,是恢复元老院从前作为权力最大的统治集团的地位。首先,苏拉以特里布斯会议从骑士阶层中选出的300名新成员充实元老院,元老的名单不再由监察官拟定,但此时担任财务官成为元老的法定资格;其次,刑事审判的陪审法官今后从元老院遴选,不再从骑士阶层产生。但由于新元老从骑士阶层中产生,骑士与元老阶层达成了和解,苏拉成功地解决了德鲁苏斯没有解决的难题。但最重要的是,任何法律交由部落会议通过之前,首先应得到元老院批准。

【削弱民众大会】苏拉认为,最近50年,保民官领导下的特里布斯会议所做的主要事情是各种革命活动。其他民众大会——诸如百人队会议——固然也同样拥有制定法律的权力,但更民主的民众大会是特里布斯会议,而且制定法律的权力已逐步转移到特里布斯会议手中。苏拉剥夺了特里布斯会议的立法权,给予元老院提出递交百人队会议所有法律的权力。这一变化的趋势将民众大会的权力限制在选举官吏范围内——较为低级的官吏由特里布斯会议选举产生,较为高级官吏由百人队会议选举。为了控制选举,苏拉授予1万奴隶选举权,给予这些奴隶投票权。苏拉释放的这些奴隶被称为科尔内里(Cornelii),或苏拉的被释奴。

【高级官职的变化】苏拉认为,政府中最革命、最具危险性的官职是保民官。保民官到目前为止,实际上能够操控国家。保民官主要握有立法权,还利用否决权制约政府。苏拉改变了这一切。苏拉将保民官的权力限制在单纯的调解仲裁上,即保护公民免遭官吏不公正行为的侵害。苏拉还规定,任何保民官不得当选牙座官吏。其他各高级官职也受到了苏拉关注。执政官、大法官此后主要负责罗马城内的民政事务,作为行省总督的代行执政官、代行大法官以后由元老院指派。此外,只有晋升大法官,方可出任执政官;只有担任过财务官,方可出任大法官。严格执行古老的法律规定,任何人在任职同一官职期满10年后,才能第二次出任该官职。

【司法体制改革】苏拉改革最为持久的部分是建立了常设刑事审判法庭体系。苏拉组建了一个常设委员会(*quaestiones perpetuae*),负责审理不同种类的刑事案件。所有的刑事案件由首席法官或大法官和被称为 *iudices* 的陪审团组成法庭审理。我们记得,*iudices* 一词每当在这一时期的政治史上使用时,都是指刑事案件中的陪审团成员。这些人最初来自元老院,后从骑士阶层中选拔,苏拉当权时期,再次从元老院遴选。苏拉组建的常设刑事法庭是苏拉立法中最明智、最有价值的一部分。

【苏拉的退隐和死亡】当政3年(公元前82年至公元前79年),如同所设想的一样,在将政府安全地移交给元老院之后,苏拉辞去了独裁官职。苏拉退隐位于那不勒斯湾普提奥利(Puteoli)的乡间别墅。在撰写回忆录中,度过了生命中最后的几个月光阴。可惜的是,这部回忆录已佚失。放荡不羁的生活加速了苏拉的死亡,第二年便辞别人世(公元前78年)。元老院宣布为苏拉举行公祭,隆重程度在罗马前所未见。苏拉的遗体在马尔斯校场火化。为纪念苏拉,罗马人为他树立了纪念碑,上面刻有这样一段话:没有一个朋友给予他多大的好处,也没有一个敌人给予他多大危害,但他都加倍回敬了他们。

苏拉是一个铁血人物。冷静、深谋远虑,目的明确,不择手段,苏拉在战时和平时都不可征服。但苏拉似乎已经彻底完成的特别重要的事情,并未比苏拉存在的时间更加久远。苏拉的强大对手米特拉达梯很快重新挑起与罗马的战争，苏拉引以为豪的政体，也在随之而来的冲突中瓦解。和格拉古兄弟、马略一样，苏拉的生涯是共和国倾覆与帝国建立过程中的一个标志性阶段。

第二十一章　庞培与恺撒时代

一、庞培异军突起；二、恺撒影响力的扩大；三、庞培与恺撒之间的内战；四、朱利乌斯·恺撒的统治

一、庞培异军突起

【苏拉党人的失败】辞去独裁官职，将政权移交自己的党羽后，苏拉毫无疑义地认为，他已经确保国家不再发生骚乱。苏拉以为，清除了马略党人，就消灭了所有敌对势力。然而，苏拉刚一入土，马略派的残余势力便在各地重现。由于元老院恢复了权势，元老院统治的旧有的种种弊端卷土重来。贵族派依然是一个自私的派别，为自身的利益行使权力，漠视民众的福祉。富人与穷人之间的裂痕比先前更明显。纸醉金迷为一个阶层所钟爱，贫穷与苦难则是另一个阶层的处境。新政府的虚弱从一开始就显现出来，因此，苏拉刚一死去，反叛的各种征兆便显露端倪。

【雷必达的反叛(公元前77年)】执政官M. 埃米利乌斯·雷必达(M. Aemilius Lepidus)第一个企图推翻苏拉创建的体制。雷必达自负、暴躁，渴望成为平民派首领。雷必达提议恢复保民官被苏拉剥夺的所有权力，进而提出废除全部苏拉体制。但雷必达的同僚Q. 鲁塔提乌斯·卡图鲁斯(Q. Lutatius Catulus)并不支持他的计划，处处给他设障碍。为了防止新的内战发生，元老院要求两名执政官发誓不使用武力，借以约束两名执政官。但雷必达根本不把这一誓言放在眼里，召集军队，进兵罗马。在Cn. 庞培(Cn. Pompey)的帮助下，卡图鲁斯很快击败雷必达。特别需要注意的是，庞培作为元老院和苏拉党人支持者，通过这一举动，政治地位更加显赫。

【塞尔特利乌斯战争与庞培(公元前80年至公元前72年)】Q. 塞尔特利

乌斯(Q. Sertorius)企图发动一场更加可怕的革命。塞尔特利乌斯是马略的朋友,苏拉公敌宣判期间逃到西班牙。塞尔特利乌斯品格高尚,勇敢、谨慎、慷慨,而且是一名有能力的军人。西班牙土著部落非常不满罗马总督的统治,西班牙本身已经成为众多马略派流亡者的避难地。因此,塞尔特利乌斯制订了从罗马政权下解放西班牙,建立一个独立共和国的计划。塞尔特利乌斯赢得了行省居民的忠诚与热爱,他将行省居民置于罗马臣属的同等地位。塞尔特利乌斯以意大利人为模板,组建了诸多城市,鼓励土著居民接纳各种文明成果,并在奥斯卡(Osca)建立了一所学校,让年轻人在这所学校接受拉丁语和希腊语教育。塞尔特利乌斯还打败了元老院派来镇压他的Q.凯西里乌斯·麦特鲁斯·皮乌斯(Q. Caecilius Metellus Pius)指挥的罗马军团。

罗马元老院确信,必须采取某些措施保全西班牙行省。庞培由此被任命为西班牙的代行执政官——尽管庞培从未当选过执政官,也从未担任过任何官职。塞尔特利乌斯表现出了优秀将领的素质,他在第一次交锋中便打败了小庞培,如果不是麦特鲁斯赶来增援,小庞培会全军覆没。但幸运最终没有降落在塞尔特利乌斯头上,而是转向了庞培。塞尔特利乌斯一怒之下,处死了一些在奥斯卡学校里的男学生。塞尔特利乌斯这一残忍举动引发了西班牙人愤慨,不久被手下将领杀死。塞尔特利乌斯死后,庞培轻而易举地获得了胜利,西班牙也随之降服。

【斯巴达克起义与克拉苏(公元前73年至公元前71年)】同塞尔特利乌斯战争结束前,元老院为应对国内更大的危机召集会议。为使角斗士在剧场内进行血腥表演,意大利各地建立了培训学校。在卡普亚,一所角斗士学校(更像是监狱)中,有一位勇敢的色雷斯人斯巴达克。因为不希望以自己被屠杀取悦于罗马人,斯巴达克鼓动自己的同伴举兵起义。70名角斗士逃往维苏威火山口,并在那里建立了大本营。其他地区的奴隶,以及各种不受法律保护的人群投奔斯巴达克,斯巴达克的势力壮大为10万铤而走险的人组成的起义队伍。斯巴达克的队伍扫荡乡村,劫掠城市,整个意大利似乎由他们支配。四支罗马军队接连被打败。由于庞培仍在西班牙,元老院另寻他人镇压这场可怕的起义。军事指挥权落到了M.克拉苏(M. Crassus)手中,克拉苏最终打败斯巴达克及其军队。斯巴达克及5 000残部向北撤退,希望进入高卢地区,但与从西班牙返回的庞培偶然相遇,庞培将斯巴达克部队歼灭。凭借这次运气,庞培狂妄地宣称,他不仅结束了西班牙的战争,而且终结了斯巴达克起义。

【庞培与克拉苏首任执政官（公元前70年）】挟胜利之师，庞培与克拉苏返回首都，双双要求出任执政官。两人均无任何作为政治家的过人才能，但克拉苏凭借财富，在有钱人中颇有影响；而庞培和先前的马略一样，依靠军功正在变成所谓平民派的平民英雄。平民派此时已开始聚集散布各地的力量，人们已经感觉到了平民派的影响。正因平民派拥有更多成功的期待，两员武将结成同盟，一同当选为执政官。

执政官庞培与克拉苏的主要任务是彻底推翻苏拉的宪政。旧有的权力归还给保民官，民众大会恢复了立法权，民众大会通过法律不再需要元老院批准。元老院失去了刑事案件审理中陪审法官的任命权，此后，陪审法官从三部分人中选拔：1/3 来自元老院，1/3 出自骑士阶层，1/3 在骑士阶层以下的富人中产生（即所谓的 *tribuni aerarii*）。被苏拉剥夺的监察官修订元老名单的权力得以恢复，作为恢复监察官修订元老名单权力的结果，64 名元老被逐出元老院。通过这些措施，苏拉的体制实际上不复存在，元老院失去了至高无上的权力。对平民派而言，这是一场伟大的胜利。执政官任职期满后，表面谦虚的庞培退居个人生活。

【庞培与海盗的战争】然而，不久后的另一种危机需要庞培拯救罗马。自罗马海军衰落后，成群的海盗出没海上。这些强盗安营克里特岛和西里西亚，从这两个地方出发，四处劫掠。海盗们实际上已经控制了整个地中海，扰乱了世界贸易。海盗抢劫沿海城市，甚至切断了罗马的粮食供给，使意大利受到饥馑的威胁。为了应对这一紧急情况，罗马人通过了《加比尼亚法》（*lex Gabinia*，公元前61年），授予庞培3年控制地中海，以及距海岸80.5千米（50英里）岛屿的最高权力。给予庞培500艘战舰，以及按照他所希望得到的足够数量的士兵。国库和所有的行省资源全部供庞培使用。

除了苏拉以外，这种超乎寻常的权力，此前从未授予任何人。庞培没有让罗马人有丝毫失望。从起航开始，在90天时间里，庞培清除了地中海的海盗，俘获3 000艘船只，杀敌10万，活捉20万。西塞罗以他的修辞学方式称庞培：准备战争在冬末，发动战争在孟春，战争结束于仲夏。庞培留在东方处理西里西亚事务，或许也是为了赢得作为军人的新的荣誉。

【庞培与征服东方】庞培战胜海盗的辉煌胜利，让他的友人们相信，他是能够结束同米特拉达梯久拖未决战争的唯一人选。苏拉死后，本都国王米特拉达梯继续成为罗马的一大威胁。罗马人在东方的战役由 L. 李锡尼乌斯·卢库鲁斯（L. Licinius Lucullus）指挥，卢库鲁斯的确是一位有能力的将领,但被指控为中饱私囊拖延战争。关于这次指控的理由,一如后来的传言所说,他把亚洲的奢侈品运回了罗马。虽然卢库鲁斯几次战胜米特拉达梯,但战火仍未熄灭。此间,《马尼利亚法》(*lex Manilia*,公元前66年)在罗马通过。该法案撤销了卢库鲁斯的职务,授予庞培控制罗马东方区域的绝对权力。拥有如此宽泛的权力之后,庞培开始征讨东方。庞培很快打败了米特拉达梯,将其逐出本都王国。接下来,庞培入侵叙利亚,并占领了叙利亚王国。随后,庞培进兵犹太,几次交锋后,占领了耶路撒冷(公元前63年)。至此,所有地中海东岸的领土全部被庞培征服。在这些被征服国家范围内,庞培建立了4个新的行省:(1)包括本都在内的彼泰尼亚;(2)叙利亚;(3)西里西亚;(4)克里特。返回意大利时,庞培所获得的最为辉煌的战绩,此前任何一位将领都不曾获得过。

二、恺撒影响力的扩大

【庞培在东方期间的罗马】庞培离开罗马在东方期间,罗马城的政治主要掌控在三个人手中:马尔库斯·坡尔西乌斯·加图(Marcus Porcius Cato)、马尔库斯·图利乌斯·西塞罗(Marcus Tullius Cicero)和盖乌斯·朱利乌斯·恺撒(Gaius Julius Caesar)。加图为监察官加图之孙,和伟大的前辈一样,性格坚定,严厉正直,是天生的保守派,由此被视为贵族派领袖。加图为恢复元老院旧日曾经拥有的权力而抗争。但由于缺乏政治家的优秀品质,所以,无法阻止对旧体制的破坏。另一方面,恺撒是作为平民派领袖出现在政治舞台的。尽管恺撒出身贵族,但由于同平民派老一代领袖马略、秦纳家族之间的关系,恺撒和平民派联系在一起。恺撒明智地看到了平民派事业的优势,通过赞同将罗马人公民权授予波河对岸诸城市,唤起对意大利人的同情。作为牙座营造官,恺撒利用举办各种壮观的赛会,吸引民众的注意力。恺撒与克拉苏结盟,克拉苏的财富、平庸的才能是恺撒可以充分利用的有利条件。

处于两个党派领袖之间的西塞罗,尽管虚荣心很强,但却是一个非常有智慧和行政能力超群的人。然而,作为一个中间派,西塞罗容易被两个党派误解。西塞罗也被称为新人(*novus homo*),即他是其家族中跻身元老行列的第一人。在庞培离开罗马期间,西塞罗当选执政官,达到了人生辉煌的顶点。

【西塞罗与喀提林阴谋】即使再没有做其他别的事情,西塞罗也仍然有资格享有国家因他的两项举措给予他的感激——控告了维列斯(Verres)、挫败了喀提林(Catiline)。西塞罗赞同法律和秩序,通常赞同立宪政府。由于控告西西里贪污腐化的总督维列斯,西塞罗发现了行省管理中所使用的各种声名狼藉的手段,这一举动前所未有。西塞罗不仅发现了贪污腐化,而且发现了最恶劣的违法者之一。在随后任职执政官期间,西塞罗通过打败喀提林,使罗马免遭一场最险恶阴谋颠覆之厄运。喀提林是一个对所在阶层影响较大的人物,也是著名政治家。喀提林是苏拉派成员,担任大法官之后,两次竞选执政官均告失败。如果其中一半的原因归咎于喀提林是真实的话,那么喀提林就是一个最不值得救药、最卑鄙的人物。当加图威胁要起诉他时,喀提林说,如果有一把火要烧他时,他不会用水,而是把火彻底熄灭。但喀提林毁了自己的命运,他把一些堕落的人物——破产债务人、绝望的冒险家,以及罗马城内的乌合之众——聚集在自己的周围。据说,这场阴谋包括杀害两名执政官、屠杀元老、焚毁罗马城等企图。这场阴谋被西塞罗发现,未能得逞。西塞罗在元老院发表反喀提林演说,在场的喀提林试图狡辩,但他的声音被"卖国贼"的呼喊声所淹没。喀提林溜出元老院,逃到位于伊达拉里亚的大本营。一场生死攸关的战役随之发生,喀提林战败,喀提林及其3 000名追随者被杀(公元前62年)。5名喀提林阴谋的参与者被元老院判处死刑,西塞罗执行了这一判决。西塞罗的这一行为后来遭人抨击:未经正当审判,处死罗马公民。但罗马民众向西塞罗这位罗马的救星、共和国之父欢呼致敬。

恺撒被指控与喀提林阴谋有牵连,但当西塞罗宣布恺撒做了一个优秀公民能够做的一切时,这一指控被驳回。西塞罗的巨大成功给元老院与温和派带来了短暂的优势。然而,加图和卢库鲁斯领导下的元老院却没有能力保持这一优势。

【前三头:庞培、恺撒与克拉苏(公元前60年)】不久,庞培从获胜的东方返回意大利(公元前61年)。如同马略从与辛布利人战争中返回罗马一样,庞培得到了隆重异常的凯旋式。也和苏拉从东方返回罗马一样,那些掌权者惧怕庞培,唯恐庞培动用胜利之师推翻现政权,以自己的统治取而代之。为了解除各种疑惑,庞培一踏上意大利的领土,便解散了军队。庞培希望,他的巨大贡献能够给他带来罗马第一公民的荣耀地位。但庞培失望了。由于解散了军队,庞培等于放弃了自己影响力的源头。庞培依然希望元老院至少确认他在东方的安排,以给予土地的形式奖赏他的老兵。庞培再度失望。屈服于被解除东方指挥权的卢库鲁斯的影响,元老院既拒绝确认庞培的行动,也不奖赏他的老兵。庞培由此对元老院抱怨至极。

但如果元老院不冒犯恺撒,庞培的这种抱怨还构不成太大威胁。恺撒影响力和权势迅速扩大。先后出任军事保民官、财务官、营造官、大祭司长和大法官。此后,恺撒作为代行大法官被派往西班牙,在西班牙,恺撒奠定了军事名望的基础。从西班牙返回后,元老院阻挠给予恺撒所希望的凯旋式。在其他方面,元老院也让恺撒处于尴尬境地。但恺撒开始认识到了自己的实力,他不是那种逆来顺受的男人。于是,恺撒与庞培结盟,并接纳克拉苏入伙。这一同盟或私下决定的联合称之为前三头同盟。该同盟组成的目的是与元老派做对,朝着各自的目标努力。依据协议的条款,庞培的行动得以确认,他的老兵得到了奖赏;克拉苏获得了增加自己财富的机会;恺撒出任执政官,并在后来控制高卢。庞培是该同盟表面上的领导者,恺撒则为真正的首脑。

【恺撒任职执政官(公元前59年)】前三头同盟的第一个收获是恺撒当选执政官。当选执政官后,恺撒忠实地履行对庞培的诺言,巩固这一同盟。首先,恺撒通过了为庞培老兵提供生计的土地法,该法律同样给予坎帕尼亚贫困的罗马人房地产权;其次,恺撒促成了一项确认庞培在东方行动的法律;最后,恺撒通过了一项取悦和怀柔骑士阶层的法律。征税人为了在亚洲征税的垄断权,开出了高价。后来则以这些收税人蚀本而结束。于是恺撒袒护了收税人,顺利地免除了这些人同意给付份额的1/3。

这些法律遭到元老们的强烈反对,但未能得逞。此时,庞培满心欢喜,民众亦感到满足,富人们也表现出友好的姿态。恺撒的领导才能让元老院相形见绌,失去了西塞罗任执政官期间获得的短暂优势。恺撒也使他的能力低下的、元老派成员的同僚比布鲁斯(Bibulus)黯然失色。据此,恺撒和比布鲁斯的在任期被滑稽地称为“朱利乌斯和恺撒任职执政官时期”。执政官任职期满后,恺撒获得了山南高卢、伊里利库姆,以及山北高卢的统治权,为期5年。恺撒借此得到了锻炼自己军事才能,组建一支忠于自己的强大军队的机会。

【克洛狄乌斯与放逐西塞罗】前往行省之前,恺撒特别看重离开罗马期间,他的利益集团有人关注。恺撒选择个人性格屡遭指责、毫无道德可言的政治家P. 克洛狄乌斯(P. Clodius)为自己的代理人,但克洛狄乌斯对元老院充满敌意却是恺撒信赖之处。担任保民官职的克洛狄乌斯所需要完成的第一项任务是稳定民众,第二项任务是尽自己最大可能,清除元老院内最有影响的两个人:西塞罗和加图。

凭借通过此后向罗马民众免费发放粮食的法律，克洛狄乌斯轻而易举地完成了第一项任务。

完成第二项任务——把元老院的主要领袖逐出元老院却困难重重。然而，采取通过一项将塞浦路斯并入罗马版图的法律，任命加图为总督等手段，除掉了加图。克洛狄乌斯同样成功地通过了一项法律，清除了西塞罗。该法律规定，任何高级官吏未经审判判处罗马公民死刑应驱逐出境。西塞罗清楚该法律矛头指向自己，即指他判处了喀提林阴谋参与者的死刑。在为自己争得同情无果后，西塞罗退隐希腊(公元前58年)，在那里致力于文学事业。由于加图、西塞罗遭驱逐，元老院一度陷于瘫痪状态。

【卢卡会晤与前三头的巩固(公元前56年)】恺撒离开罗马，赴高卢履职后，克洛狄乌斯开始傲慢自大，以高压手段实施统治。这一反常的、使蛊惑民心的政客更猖狂的政策，明显是借助暴民统治罗马。克洛狄乌斯在武装随从陪伴下，在罗马街道上招摇过市，以自己的政治影响取悦乌合之众。庞培和元老院非常厌恶克洛狄乌斯的统治方式，双方联合起来，召回了流放中的西塞罗。与此同时，加图也从塞浦路斯返回。旧有的元老派首领返回后，元老院看上去似乎又恢复了自己的权势，前三头或许要分道扬镳。

然而，恺撒以警惕的目光察觉到了各种不满的征兆。前三头在意大利北部小城卢卡(Lucca)举行会晤，并有了新的安排。恺撒在高卢任职期再延续5年，至下一次竞选执政官时间。庞培和克拉苏出任执政官，执政官任职期满后，庞培获得的是西班牙和非洲的统治权，贪财的克拉苏将得到富庶的叙利亚。三人以这种方式瓜分了罗马世界。达成协议的各项条款明显是为了各方的利益。此时，恺撒认为，至少他在高卢完成他的任务，并拥有一支忠诚于他的军队加强自己的实力之前，罗马是安全的。

【恺撒及其行省】恺撒选择高卢为自己的行省时，我们很难确定他的脑子里到底在想什么。当时，高卢是罗马领土令人望而生畏的一部分。这里是蛮族的故地，如同亚洲的蛮族一样贫穷；一如西班牙和非洲，这里几乎没有先前文明的遗风。但有三四件事情恺撒一清二楚。

首先，恺撒清楚日后统治罗马国家的权力一定是兵权。苏拉凭借军队支持获得了成功，庞培的失败则是他放弃了自己的军队。如果恺撒要建立自己的政权，必须依赖一支强大军队的支持。

其次，恺撒看到了没有任何别的行省能够像高卢那样，为他提供所需要的政治机缘。遥远的叙利亚行省固然可以打开征服帕提亚(Parthia)的道路,提供获得另一个亚历山大大帝各种荣耀的机会,但叙利亚远离罗马政治中心,恺撒的第一个野心是政治权力,而非军事荣耀。

再次,恺撒认为,征服高卢对保卫罗马国家是必要的。北方蛮族——高卢人的入侵,以及辛布利人和条顿人的两次入侵,已使罗马遭遇毁灭性威胁。征服高卢,可使这里成为对付蛮族的屏障。

此外,恺撒认为,罗马需要新的、肥沃的土地用于殖民。大多数拥有爱国心的罗马人早已看到了意大利以外殖民地的必要性。盖约·格拉古试图在非洲寻找出路,他本人主张在波河流域安置居民。政权稳固之后,罗马最紧迫的事情是为安置剩余人口寻找出路。恺撒确信,他的个人野心与自己的国家的最高利益并无二致。恺撒将要进行的战斗,不是为了庞培和元老院,而是为了自己和罗马征服高卢。

【征服高卢(公元前58年至公元前51年)】恺撒赴任的行省最初包括山南高卢,即波河流域、伊里利库姆——横跨亚得里亚海的狭长地带;纳尔滂南西斯,即位于罗恩河口的一小部分山北高卢的领土。在8年时间里,恺撒占领的领土以比利牛斯山、阿尔卑斯山和大西洋为边界,大致相当于今天的法国、比利时与荷兰。恺撒首先征服了赫尔维提人(Helvetii),一个位于恺撒所辖纳尔滂南西斯行省边界地区的部落。接下来,日耳曼人曾在一个名曰阿利奥维斯图斯(Ariovistus)王子的指挥下,越过莱茵河,整个高卢面临遭蹂躏的威胁。恺撒迎战并击退了日耳曼人的入侵。然后,恺撒挥师北部高卢,征服了尼尔维人(Nervii)及其相邻各部落。恺撒战胜了大西洋岸边的维尼提人,征服了阿奎塔尼亚(Aquitania)。恺撒还两度入侵不列颠(公元前55、54年),也曾越过莱茵河,进入日耳曼,使手下罗马士兵见到了从未见到的各个民族。降服了高卢大多数部落之后,恺撒最后镇压了由强有力的韦辛格托里克斯(Vercingetorix)领导的大起义。恺撒就此结束征服高卢的军事行动。

恺撒征服地的大多数人口或遭杀戮,或沦为奴隶。通过把各项荣誉给予高卢的酋长,以及在继续保留的部落建立自治政府等方式,新征服的高卢地区得以安抚。罗马军团部署在高卢各地,但恺撒并没有建立苏拉那样的军事殖民地。罗马艺术、风尚得以弘扬,高卢跨进了文明的大门。

三、恺撒与庞培之间的内战

【前三头瓦解】恺撒在高卢期间,曾经将三头结合在一起的各种联系变得越来越弱。只要还活着,克拉苏的任务似乎是缓解另外两个强大对手之间的日益增长的猜疑。但离开罗马，前往叙利亚赴任后，克拉苏入侵帕提亚遭遇惨败，不仅丧失罗马军队的鹰旗，他本人也丢掉了性命（公元前53年）。克拉苏死去，三头实际上已经瓦解，我们甚至可以说，三头现在减为“两头”。但此时的“两头”不再相互友好和支持，而是彼此互相猜忌。

【唯一执政官庞培（公元前52年）】元老院任命庞培为唯一执政官后，庞培与恺撒之间的关系进一步疏远。这件事不仅是对恺撒的轻慢，也明显是一种为应付现实紧急情况的强制性命令。克洛狄乌斯的武装团伙，即政治煽动者们与T. 安尼乌斯·米罗（T. Annius Milo）为首的捍卫元老院事业的势力之间持续不断的巷战，使罗马城混乱不堪。在一系列的骚乱中，克洛狄乌斯死于非命，他的那些不安分的追随者，将他的死亡作为继续进行暴乱的理由。疯狂的暴徒们在罗马广场火化克洛狄乌斯的尸体，但元老院会堂也在大火中焚毁。无政府状态随之出现，元老院感到有必要将某项特别的权力授予庞培。根据加图的提议，庞培被任命为无同僚执政官。利用非比寻常的权力，庞培恢复了国家的秩序，被视为国家的救星。庞培与元老院的事业之间的关系越来越紧密，元老院为表达对庞培的感激，将庞培在西班牙和非洲的统治权延长5年。

【庞培与恺撒关系的破裂】我们记得，卢卡会晤达成协议的一部分，是恺撒高卢任职期满后获得执政官职。恺撒当然希望在当选执政官之前，仍然控制军队。元老院决定，在当选执政官之前，恺撒应以普通公民的身份出现在罗马，不得再掌控军队。恺撒非常清楚，假如作为普通公民出现在一直渴望除掉他的众政敌面前，必将束手无策。加图已经宣布，一旦高卢代行执政官卸任，便起诉恺撒。恺撒则允诺，如果庞培交出行省和军队，他也会悉数交出行省和军队，但遭到庞培的拒绝。元老院进而以帕提亚战争之需为借口，要求恺撒交出两个军团。恺撒交出了两个军团，但并未派往东方，而是驻扎在坎帕尼亚。元老院进一步提出要求，恺撒的条件是，如果允许他在当选执政官之前保留两个军团，便同意交出手下军队中的8个军团。元老院拒绝了恺撒的要求，命令他必须在规定时间交出行省和全部军队，否则便宣布恺撒为公敌。元老院向恺撒提出要么服从、要么开战的条件。恺撒选择了开战，越过卢比孔河（公元前49年）——一条山南高卢与意大利的分界线的小河。

【意大利、西班牙、希腊等地战事】此时，庞培与恺撒之间的较量已经转化为罗马从未有过的最伟大的两个军人之间的战争。恺撒知晓时间宝贵,在宣布战争时,便派一个军团进军意大利。庞培对如此迅速的军事行动毫无准备,也无法依赖元老院从恺撒手中调来的两个军团,被迫撤至布伦迪西乌姆(Brundisium)。布伦迪西乌姆遭恺撒围困,庞培巧妙地将自己的军队撤退到希腊,恺撒成为意大利的主人。

此时,恺撒位于两支与他敌对的军队之间:庞培麾下将领的军队,以及在希腊的庞培本人的军队。恺撒必须在两支军队联合之前,将其击败。由于没有舰船跟踪庞培进入希腊,恺撒决定立刻攻击西班牙的军队。确保在罗马安全的同时,恺撒派遣军队越过比利牛斯山。恺撒进入罗马城,消除了人们对重复第一次内战中惨状的种种恐惧。恺撒向人们展示,他既非马略,亦非苏拉。重新集结在西班牙的军团后,恺撒很快打败了庞培手下的几位将领。返回罗马时,恺撒发现自己已被宣布为独裁官。恺撒辞去了独裁官的头衔,但接受了执政官职务。

第二年(公元前 48 年)初,带着征集到的为数不多的舰船,恺撒运送自己在布伦迪西乌姆的军队渡过亚得里亚海,迎战庞培的军队。首次交锋发生在德拉齐乌姆(Dyrrachium),恺撒遭败绩。恺撒横穿意大利半岛,朝法萨鲁(Pharsalus)方向撤退,以便使庞培远离他的海岸补给线。两位名将在法萨鲁相遇(公元前48 年),恺撒以大约 2 万兵力全歼庞培 4 万多军队。庞培逃往埃及,背信弃义的埃及人将其杀死。此时,由于占领了意大利,打败了西班牙和希腊境内庞培的军队,恺撒已经完成了所要做的事情的第一部分。恺撒确立了在罗马的霸权地位,罗马人把各种殊荣授予恺撒,恺撒身兼多种官职:任职执政官 5 年,终身任职保民官,任独裁官 1 年。

【埃及、亚洲、非洲和西班牙诸战役】恺撒现在着手自己想要做的事情的第二部分——绥靖行省。在埃及期间,恺撒为克利奥帕特拉(Cleopatra)的魅力所倾倒,平息了克利奥帕特拉卷入其中的一场纷争。这位女王与其兄弟托勒密(Ptolemy)之间的内战,使埃及陷入混乱。两人都声称有资格问鼎王位。恺撒击败了托勒密的军队,在罗马两个军团的保护下,克利奥帕特拉登基称王。

返回意大利途中,恺撒穿过小亚。在那里,恺撒发现米特拉达梯大帝之子法纳西斯(Pharnaces)在本都煽动暴乱。泽拉(Zela)之战(公元前 47 年),恺撒全歼法纳西斯的军队,恢复了亚洲诸行省。恺撒以三个拉丁语单词——*Veni*, *vidi*, *vici*(我到,我见,我胜)记录了这次兵贵神速的胜利。

除了非洲以外,恺撒的军队已遍及罗马其他各行省。在非洲,庞培派的首脑们得到了努米底亚国王的支持,决定向恺撒发起孤注一掷的进攻。庞培派的军队由加图和麦特鲁斯·斯奇皮奥(Metellus Scipio)指挥。前者驻扎乌提卡,后者负责战场指挥。恺撒只用一个词——以“公民们”取代“战友们”——平息了10个军团的哗变之后,进军非洲。塔普苏斯(Thapsus)战役(公元前46年)熄灭了庞培派的最后希望,共和派的军队被歼灭,元老派首领加图在乌提卡被处死。在此次战争中,努米底亚被征服,附属于非洲行省。至此,除了西班牙的叛乱之外,恺撒消灭了其他所有对手。庞培几个儿子率领的西班牙反叛不久也被镇压,孟达(Munda)战役(公元前45年)中,恺撒的敌人被彻底消灭。

四、朱利乌斯·恺撒的统治

【恺撒的凯旋式和各种官衔】塔普苏斯战役后,恺撒返回罗马。此时,恺撒不是作为元老院的仆人,而是作为世界的主人出现在罗马。恺撒为了表彰自己四次辉煌的胜利:高卢、埃及、本都和努米底亚,举行了四场壮观的凯旋式。恺撒不提及内战,俘虏群中也没有罗马公民。恺撒的胜利并未伴随着大屠杀、公敌宣判和掠夺。恺撒在和平年代的宽宏大度,一如他在战场上的冷酷无情。恺撒最大限度地原谅了自己的敌人。我们看到,这样的权力是恺撒凭借所获得的各种官衔后行使的。恺撒是执政官、独裁官、公共道德掌控者(*praefectus morum*)、保民官、大祭司长和首席元老(*princeps senatus*)。恺撒把从前由共和国各高级官职分散把握的权力,集中在一个人手中。先前士兵们习惯于赞颂得胜将领的用语“大将军”,此时成为一个官衔,也成为恺撒名字的前缀。内战期间形成的个人权力,集中在恺撒一个人身上。恺撒实际上是罗马第一个皇帝。

【恺撒的政治改革】恺撒把握大权的时间并不长,但他所实施的各项改革,足以向我们展示他的政策,也能够使我们断定恺撒是一位政治家。以全体民众利益为基础,建立一个稳定的政府,是罗马的第一需求。元老院对此无能为力,而民众大会则由保民官领导。恺撒确信,只有一种统治模式适合罗马,这就是民主的君主政体——一种最高权力长期地把握在一个人手中的统治模式,但这个人不是为了自己或某个等级,而是为了整个国家行使权力。我们看一下恺撒是如何实现这种转变的。

首先,元老院的变化迎合了这一观点。迄今为止,元老院是一个相对较小的团体,成员来自一个阶层,为自己的利益行使权力。恺撒将元老院成员增加至900人,各个阶层的代表进入元老院,不仅有新贵,而且还有穷人

(*ignobiles*)——西班牙人、高卢人、军官、被释奴后代等。元老院不仅是一个立法团体,而且是一个顾问团体,通告统治者意大利和行省的处境与要求。其次,恺撒把公民权的扩大至波河对岸的居民,授予行省特别是山北高卢和西班牙许多城市。恺撒这些政治变革消除了新贵与普通人之间、意大利人与行省居民之间的区别,把帝国所有民众整合为一个民族。

【恺撒的经济改革】罗马另一个急需解决的问题是改善社会下层的处境。恺撒非常清楚,民众的处境不是一天内改善的,但恺撒相信,政府不应当通过帮助那些能够自救的人,刺激穷人。罗马要给32万人分发粮食,恺撒将这个数量削减到15万,或8万多人。通过在罗马城建造新的建筑或其他公共工程,还通过强制推行要求土地所有者雇佣的劳动力1/3应为自由劳动者的法律,恺撒为无业游民提供了工作机会。由于意大利已无土地,恺撒鼓励在行省建立农业殖民地,不仅对农夫阶层有利,也有利于帝国罗马化。恺撒通过一项破产法,允许无力偿债的债务人以不动产抵偿债务,免遭牢狱之灾。虽然没有自诩消除贫困,但通过以上述各种方式,恺撒为贫困阶层提供了更多的谋生手段。

【恺撒的行省体制改革】罗马共和国专制政治的不公与严酷,各个行省比其他地方更严重。这种现象主要由两种因素造成:行省总督的专断权威,以及毫无法度的征税体制。总督统治行省,不是为行省民众着想,只是为了一己私利。据说,代行执政官希望在自己统治的行省获得三种财富:之一,偿还自己的债务;之二,如果被起诉,用于贿赂法官的金钱;之三,装满自己的腰包。收税人也把行省财富视为在自己和罗马国库之间分配的一种收获。恺撒对这一劫掠制度予以矫正。此时,行省总督是对皇帝负责的代理人,税收置于更加刚性的监督之下。由于恺撒的政策包括了所有臣民的福祉,行省民众将恺撒视为自己的保护者。

【恺撒的其他改革与各项计划】恺撒的其他改革中,最著名者当为历法改革。恺撒改革的历法流传至今,少有变动。恺撒还计划编纂罗马法,准备创建公共图书馆,计划改善城市建筑;排干蓬蒂内沼泽(Pontine Marshes)的积水,旨在提高公共健康水平;准备开凿一条运河,穿越科林斯地峡(Isthmus of Corinth)。恺撒还计划把帝国的边界扩大到幼发拉底河、多瑙河与莱茵河。这些计划展示了恺撒宽广的心胸。恺撒如果不被政敌杀害,这些计划多半会付诸实施。当我们注意到恺撒超群的行政才能,以及在他掌握政权短暂的时间内,已经竣工的各项工程,我们不会怀疑恺撒能够把各项计划进行到底。

【恺撒遇刺】如果说恺撒失败了,那是因为恺撒没有使自己充分适应当时的保守的潮流。那些盲目爱慕共和国模式的人依然活跃在罗马。对于这些人而言,恺撒的诸项改革更像是破坏,而非创建。这些人认为,恺撒的种种计划是想复活王权。据说,有人给予恺撒一顶王冠时,恺撒非常渴望地注视着这顶王冠,而且恺撒还选择自己的甥孙屋大维(Octavius)为自己的继承人。

那些痛恨恺撒,并阴谋杀死他的人也是恺撒有特殊好感的人。阴谋的主要领导者 M. 布鲁图斯(M. Brutus)和 C. 卡西乌斯(C. Cassius)两人曾在庞培麾下服役,不仅得到了恺撒的宽恕,而且在恺撒的政府中被提拔。布鲁图斯和卡西乌斯联合另外大约 50 名阴谋者,密谋在元老院议事堂杀死恺撒。普鲁塔克记载了恺撒遭谋杀的传说,并通过莎士比亚成为千古传诵的故事。谋划好的日子——3 月 15 日(公元前 44 年 3 月 15 日)来临时,恺撒背信弃义的朋友挥剑刺向恺撒,恺撒倒在了庞培雕像的脚下。人们一直认为,谋杀恺撒是罗马人所做过的极端愚蠢的行为,是一种犯罪。恺撒之死,使罗马丧失了一位诞生在罗马的最伟大的人物。然而,阴谋者的行为并没有毁灭恺撒的事业。

第二十二章　安东尼与屋大维时代

一、安东尼与屋大维崛起；二、安东尼与屋大维之间的内战；三、共和国末年内战之评判

一、安东尼与屋大维崛起

【恺撒死后的罗马】刺杀恺撒的那些人自认为是共和国的解放者。无论这些人的动机如何，似乎根本没有考虑过在刺杀了他们心目中的暴君之后，如何统治罗马。如果他们认为元老院可以掌控已经失去的权力，成功统治共和国，那么无疑大错特错了。在刚刚过去的内战中，元老院只有一个头面人物得以生存，他就是西塞罗。但西塞罗仅仅凭借学问、口才不足以接替恺撒的位置。罗马需要的是拯救罗马于苦难的解放者，一个视野开阔、掌权能力强的统治者。恺撒死后随之而来的混乱与失望没有必要大惊小怪，无人知晓哪条路径是所期待的、寻找的。一些新演员很快登场，为争夺国家最高权力而争斗的几个人——M. 安东尼乌斯（安东尼，M. Antonius）恺撒的朋友及执政官同僚、C. 屋大维，恺撒的养子和继承人；M. 埃米利乌斯·雷必达（M. Aemilius Lepidus），恺撒的骑兵长官；赛克斯图斯·庞培乌斯，恺撒从前的敌人和最强劲对手的儿子；同时，西塞罗依然提高嗓门，保卫他所认为自己的国家的自由。

【安东尼的霸权】第一个利用恺撒死后混乱的是马尔库斯·安东尼。在雷必达帮助下，安东尼占有了恺撒的遗嘱及其他文书，夺取了恺撒的国库，并对元老院施加压力，确认恺撒的所有法令，允许他在恺撒的葬礼上演说。安东尼号召民众为他们伟大的朋友之死复仇，并且宣读了恺撒的遗嘱，在遗嘱中，恺撒把花园和宫殿留给了人民，把遗产留给了每一位公民。安东尼的口才煽起了民众的怒火，人们从燃烧的火葬柴堆拿起火把，冲进各条街道，

发誓要向那些所谓的解放者复仇。那些解放者被迫逃离罗马城,安东尼暂时确立了霸权。在元老院确认了恺撒的各项法律时,安东尼也拥有了包括这些法律在内的恺撒的某些文书,所以,安东尼想当然地认为自己就是恺撒遗嘱的执行人,愿意做什么就做什么。解放者中的那些核心人物匆忙逃到先前恺撒分配给他们的行省——卡西乌斯逃亡叙利亚,马尔库斯·布鲁图斯(Marcus Brutus)逃到马其顿,戴西乌斯·布鲁图斯亡命山南高卢。

【屋大维崛起】恺撒的养子、甥孙,年轻的屋大维的出现,令安东尼的霸主美梦很快烟消云散。这个年仅19岁的年轻人是天生的政治家,不久便成为安东尼的强劲对手。屋大维的过继姓名为盖乌斯·朱利乌斯·恺撒·屋大维(Gaius Julius Caesar Octavianus)。屋大维要求索回自己的遗产,以及落入安东尼之手的恺撒的财富。然而,安东尼却说,这些财富这些财产是公共财富,应当归罗马国家所有。

屋大维此时第一次展示了总是与众不同的、精明的能力。安东尼通过宣读恺撒的遗嘱,给予民众虚假的希望,即那份每个公民有份的遗产。民众聆听了恺撒的遗嘱,但却没有得到遗产。为了羞辱安东尼,为了民众能够得到遗产的份额,屋大维卖掉了自己的庄园,向朋友举债,支付了恺撒允诺给民众的遗产。由于这一举措,屋大维取代了安东尼人民之友的位置。恺撒这个年轻的继承人在民众中声望迅速提高,乃至其影响力为当时两个人所谋求:西塞罗代表国家,安东尼代表个人。

【西塞罗攻击安东尼】西塞罗认为,为削弱安东尼的势力,阻止安东尼与年轻的屋大维结盟,应不惜一切代价。西塞罗与安东尼之间的敌意变得残酷、尖刻,他们在元老院的议席上相互对峙。但在一场唇剑舌锋的交战中,安东尼不敌西塞罗。西塞罗通过著名的"菲力皮克斯"系列演讲,令安东尼声名扫地,离开罗马,到战场上寻找胜利。安东尼宣布山南高卢为自己的行省,但该行省仍由戴西乌斯·布鲁图斯,一个元老院曾向其寻求军事支持的解放者所把持。当安东尼试图得到这块领土时,西塞罗以为,自己看到了以国家利益的名义利用屋大维的机遇。由于安东尼被宣布为公敌,屋大维成为带有执政官头衔的元老,并得到对安东尼发动战争的授权。在这场战争中——即所谓的穆提纳(Mutina)战役(公元前44年至公元前43年)——屋大维大获全胜。作为此次战役胜利的奖赏,屋大维要求元老院为他举行凯旋式,并授予他执政官职务。西塞罗则倾向于戴西乌斯·布鲁图斯任执政官,屋大维请求被拒绝。年仅20岁的屋大维,步恺撒之后尘,用刀剑强制推行自己的主张。屋大维占领了罗马城,当选为执政官。屋大维由此成为罗马的统治者。

【后三头——安东尼、屋大维和雷必达(公元前43年)】西塞罗借助屋大维的帮助打败安东尼的企图却以失败而告终。结果不仅造成了与屋大维关系的疏远,而且更糟糕的是,西塞罗一直试图阻止屋大维与安东尼之间联盟。屋大维和元老院闹僵,并且占了上风。但屋大维不准备和安东尼决裂,因为安东尼得到了雷必达的支持,特别是得到了仍然控制东方诸行省的、两个解放者核心成员布鲁图斯和卡西乌斯的鼎力相助。如果屋大维拥有恺撒的军事天赋,他也会将对手的军队逐一消灭。然而,年轻的屋大维没有过高估计自己的军事能力。他认为,为了自己的利益,也要同安东尼和雷必达交好。据此,三巨头之间结成了同盟,通常称为"后三头"同盟。三人同意瓜分西部行省;然后,将布鲁图斯和卡西乌斯逐出东方行省后,再做新的决定。

【公敌宣判与谋杀西塞罗】没有任何一个政府比此时三个统治罗马的"三头"更暴虐。他们执掌执政官权柄长达5年之久,而且拥有任命所有高级官吏的权力。他们的命令既不通过元老院,也不经过民众批准,却具有法律效力。那些宣称信奉恺撒事业的人的奇耻大辱是,他们抛弃了他们伟大典范的人道主义政策,却转向马略和苏拉的恶名昭彰的政策。在被以"菲力皮克斯"作者西塞罗为首的数以千计政敌包围时,安东尼特别被宣布为公敌。屋大维默认了作为一项政策的恐怖行为;雷必达对此也无动于衷。据说,300元老和2 000骑士的公民权遭剥夺,财产被没收。遭公敌宣判的许多人逃出意大利,到东方的布鲁图斯和卡西乌斯处寻求避难,但大多数人惨遭杀戮。

在那些悲惨的日子里,世界不断地体会到痛苦的味道,因为在此期间,西塞罗不幸殒命。当这个老者被告之身处险境,希望他逃命时,他回答说,让我死在我曾经每每保卫过的祖国。西塞罗被杀,他的首级送给了安东尼。据说,安东尼的妻子富尔维娅(Fulvia)用针穿刺西塞罗无生命的舌头,以报复其对丈夫的诋毁性演讲。罗马最伟大的演说家就这样离开了人世。人们指责西塞罗怯懦,但他忠于职守,成为共和国的最后一个保卫者。人们指责西塞罗动摇不定,但他所生活的那个时期,没有人知道在哪里可以寻求帮助。西塞罗作为政客是失败的,因为他对阴谋活动的技巧完全外行。西塞罗作为政治家也是失败的,因为他一直坚持捍卫一项失败的事业。当最高仲裁者是刀剑时,西塞罗却呼吁理性。虽然存在各种缺点与不足,但西塞罗是他所处时代，仅次于加图的最正直的人；西塞罗影响力的持久性，仅次于恺撒。对于政治实践，西塞罗贡献无多，但他的诸多作品对世界的知识和道德教育却影响久远。

【消灭解放者的腓力比之战（公元前42年）】屠杀了国内政敌之后，三头着手消灭海外的敌对势力。三头共同的敌人中，有三个是必须面对的——已经在东方把军队联合在一起的布鲁图斯和卡西乌斯；占据西西里岛，拥有一支强大舰队的赛克斯图斯·庞培乌斯。安东尼和屋大维率领一支12万人的军队进军希腊，雷必达留守罗马城。与安东尼和屋大维对阵的两个解放者是布鲁图斯和卡西乌斯及其8万军队。两军在爱琴海东岸，马其顿境内一个名曰腓力比（Philippi）的小镇相遇。屋大维对阵布鲁图斯，安东尼迎战卡西乌斯。屋大维败于布鲁图斯，而安东尼较为幸运，击溃了卡西乌斯指挥的侧翼。卡西乌斯看到溃败的军团时，以为全线瓦解，拔剑自刎。据说，卡西乌斯正是用这支剑砍倒了恺撒。此时，只剩下布鲁图斯一人孤军奋战，在第二次交锋中遭到失败。步卡西乌斯后尘，布鲁图斯也自杀身亡。腓力比的两次战斗决定了共和国的命运。如同西塞罗是共和国最后一位捍卫者一样，布鲁图斯和卡西乌斯是共和国最后的军事保卫者。在他们先后死去的同时，共和国也走到了终点。

二、安东尼与屋大维之间的内战

【重新瓜分行省】伴随共和国的倾覆，此时需要回答的问题是，安东尼和屋大维谁能够成为新帝国的主人。尽管雷必达野心勃勃，但过于软弱和优柔寡断，不足以构成威胁。后三头相互嫉妒之心一直存在，但他们想方设法抑制彼此间的猜忌，重新瓜分帝国。安东尼拥有东部，屋大维获得西部。现在的问题是，雷必达该如何处置，因为雷必达被指控，向唯一现存的“后三头”的敌人赛克斯图斯·庞培乌斯提供援助。如果雷必达能够证实自己与此事无关，那么他将得到狭小的非洲行省。“后三头”最重要的任务由安东尼和屋大维完成。安东尼将要控制东方行省，如果有可能，将征服帕提亚。屋大维将保护意大利和西方行省的和平，消灭严重干扰罗马商业的赛克斯图斯·庞培乌斯的舰队。

【屋大维在西方】通过武力和计谋等手段，屋大维确保了自己在西方的地位安然无恙。屋大维首先镇压安东尼党人煽动的暴乱。年轻的征服者赢得了民众的爱戴，并力图证明，只有通过他个人的影响，行省才能得到和平与繁荣。屋大维接下来所要做的事情是处理赛克斯图斯·庞培乌斯及其那支与他为敌的舰队。在朋友、有能力的将军阿格里帕(Agrippa)帮助下,在向安东尼租借的100艘战舰支援下,屋大维消灭了赛克斯图斯·庞培乌斯的军队。战败的赛克斯图斯·庞培乌斯逃到东方,在那里被安东尼的士兵杀死。

接下来,屋大维着手处置他那位极不可靠的朋友,既软弱无能又野心勃勃的雷必达。雷必达握有20个军团,自认为能够战胜屋大维,成为罗马的主人。但屋大维认为,埋葬雷必达根本不需要宣战,打败雷必达也不需要战争。在没有携带武器,几乎没有随从的情况下,屋大维只身进入雷必达的营地,对士兵发表了有说服力的演说,全体官兵便转向了屋大维。雷必达被从“后三头”中剔除,但屋大维大度地保留了雷必达大祭司长的职务,条件是保持沉默。通过使用武力或外交手段,屋大维战胜了西方所有的敌人,他和安东尼成为罗马世界无可争议的统治者。

【安东尼在东方】西部所有的事情变得对屋大维愈加有利时,东部的一切同样归功于屋大维的胜利。但这种结果与其说是由于屋大维自身的能力,不如说是因为安东尼的软弱与愚蠢。屋大维把自己的妹妹奥克塔维娅(Octavia)嫁给了安东尼,试图以此巩固“后三头”同盟。但安东尼不久便厌倦了奥克塔维娅,迷恋上了尼罗河毒蛇克利奥帕特拉。安东尼把一部分时间花在了帕提亚战场,而另一部分时间则在埃及寻欢作乐。安东尼的帕提亚战争以失败而告终,他在埃及的寻欢作乐则以毁灭为收场。安东尼向往东方君主的宝座,并和称之为王之女王的克利奥帕特拉瓜分了罗马行省。当安东尼希望元老院确认他的可耻行径时,罗马人大为震惊。罗马人禁不住把这一无能、迷恋克利奥帕特拉之辈与谨慎、强大的西方统治者屋大维相比较。屋大维声名日隆,安东尼却成为越来越令人厌恶的对象。

【安东尼与屋大维决裂】屋大维可以将罗马人反对安东尼的强烈感情,作为自己能够利用的优势。但屋大维希望一切看起来是自己遵从了人民的意志,并非受人操纵。因此,屋大维并不准备和安东尼摊牌,而是等待时间。罗马人对安东尼的叛逆企图有所察觉,因为罗马人看到了安东尼的军事准备,这些军事准备可使他本人成为东方君主,或使克利奥帕特拉成为罗马女王。

毫无疑问,在安东尼的遗嘱被发现并公之于众后,他的真实品质和目的随之大白于天下。在遗嘱中,安东尼把克利奥帕特拉的儿子立为继承人,要求把自己的遗体埋葬在亚历山大里亚埃及女王的陵寝旁。这件事被视为是对罗马尊严的侮辱。罗马公民被激怒,要求向他们痛恨的安东尼宣战。屋大维建议,应更加明智地向克利奥帕特拉宣战,而不是向安东尼宣战,迷惑了支持他的事业的公民。于是,发生在屋大维与安东尼之间真正的内战,由此表现为罗马与埃及之间的对外战争。但安东尼非常清楚,指向他的战争是受人操纵的,他通过公开与奥克塔维娅离婚予以回答,也认可作为罗马公敌的实际身份。

【安东尼失败与亚克兴战役(公元前31年)】宣布开战后,安东尼的军队与克利奥帕特拉的军队联合,共同对付罗马军队。安东尼集结了一支8万人的庞大军队,占据了希腊西部海岸,既可威胁意大利,也能够阻止屋大维接近。安东尼的主力部署在位于通向安布拉西亚湾海峡南面的亚克兴(Actium)。安东尼手下500艘重型舰船组成的舰队,多半停泊在安布拉希亚湾内。屋大维在心腹将领阿格里帕帮助下,成功将15万军队运抵埃皮鲁斯,并占领了海峡北部,与安东尼的陆军对峙。安东尼一支由250艘轻型战船组成的舰队部署在海峡外围,等待敌船接近。根据手下能力超群的军官们的建议,安东尼希望用自己的陆上军队同屋大维交战。但以海军为自豪的克利奥帕特拉却坚持战斗在海上进行。于是,战场确定在海上。当屋大维的军队出现在海峡时,马上遭到了安东尼和克利奥帕特拉的攻击。然而,战斗刚刚开始,克利奥帕特拉便带领她的舰队从战线撤出,安东尼马上紧随其后,而他们的水手却一直战斗到舰队被全歼。亚克兴之战结束了安东尼的政治生涯,屋大维成为罗马世界的唯一主人。亚克兴之战标志着帝国历史的开始。

【屋大维的胜利】返回罗马之前,屋大维恢复了东方各个行省的秩序,紧随亡命者进入埃及。克利奥帕特拉凭各种手腕迷倒了恺撒,征服了安东尼,现在又试图把这些手腕用在新来的罗马客人身上。但屋大维没有落入她的温柔陷阱,埃及女王在这位罗马统治者身上发现了和她一样狡猾的本性。屋大维把精力集中在了罗马的繁荣和荣誉上,任何诱惑都无法使他偏离这一崇高使命。穷途末路的安东尼战败后自杀身亡;为避免成为战俘在罗马的凯旋式上展示,克利奥帕特拉效仿安东尼,自己结束了生命。这对可悲的情侣一同埋葬在托勒密王陵。埃及作为一个行省,并入新诞生的罗马帝国(公元前30年)。屋大维返回罗马举行了包含三重意义的凯旋式——达尔马提亚(屋大维此前在这里不止一次获得胜利)、亚克兴和埃及。雅努斯神庙自第二次布匿战争以来,第一次关上了大门。已被战争、内部冲突折磨得疲惫不堪的罗马人,把屋大维的凯旋式看作和平与繁荣新世纪的曙光。

三、共和国末年内战之评判

【罗马的进步】回溯刚刚结束的这段历史,我们会发问,自大征服时代起,罗马是否有某些进步。以格拉古兄弟时代的一系列骚乱为起点,一百多年过去了。在此期间,人们看到了元老院与罗马人民之间持续不断的冲突,看到了共和国逐步衰亡,并被帝国所取代。但我们不能认为,共和国的倾覆就是罗马的灭亡。所谓的罗马共和国既不是一个民治的政府,也不是民享的政府,变成了一个由自私自利贵族组成的政府,并为自己的利益行使统治权。至于新帝国的建立是否优于已经灭亡的古老共和国,我们拭目以待。然而,我们能够看到,在诸多方面罗马确实取得了进步。

【伟人的出现】第一件需要我们注意的事情是,内战期间,罗马历史上出现了诞生伟人的"时尚"。正是在这种紧张和动荡的年代,把伟人推向了社会历史的前台。这是一个充满残酷斗争,且产生各种杰出人物的历史时段——如格拉古兄弟、马略、苏拉、西塞罗和恺撒。无论我们对他们的一系列主张、所使用的各种手段,抑或他们所收获的结果有何看法,我们都不会认为他们是普通人。

【公民权授予范围扩大】罗马进步的另一个标志是公民权的扩大,此前并入罗马版图的许多人被排除在享有公民权范围之外。这一历史时段初期,仅有意大利半岛较小的一部分居民是罗马公民,公民权的授予限制在首都附近地区居住的居民。内战期间,公民权扩大到整个意大利和高卢与西班牙境内的许多城市。

【罗马法律的改进】我们已经看到,苏拉为了审判公敌,进一步完善了刑事审判法庭机构。但罗马在民法方面也有许多改进,个人的私权利因改善后的民法,得到了更好的保护。不仅公民的权利有了更多的保障,而且外邦人的权利同样得到了认真的保护。同盟战争之前,意大利所有外邦人的权利由一位特别大法官(*praetor peregrinus*)保护。同盟战争之后,所有意大利人法律面前一律平等。就涉及个人和财产的而论,授予行省所有外邦人和罗马公民相等的权利,业已成为一种趋势。

【建筑的发展】罗马人在文化与审美方面的进步,通过这一时期建造的各种新型的、宏伟的建筑得以展现。罗马城内某些公共建筑暴乱中遭摧毁后，罗马人建造了一批更精美、更坚固的建筑取代老建筑。许多新神庙矗立在罗马城——赫尔库勒斯（Hercules）神庙、明妮尔瓦神庙、命运之神神庙（Fortune）、和谐之神神庙、荣誉与美德神庙（Honor and Virtue）。新建的各种法庭中，最著名者当数“朱里亚巴西里卡”（Basilica Julia），为朱利乌斯·恺撒着手建造。新广场——“朱里亚广场”设计者亦为恺撒，庞培则新建造了一座剧场。苏拉重建了曾经在马略与苏拉内战中焚毁的辉煌的国家神庙——卡皮托林朱皮特神庙，并用从雅典掠夺的奥林匹亚宙斯神庙的圆柱装饰这座神庙，使之更加富丽堂皇。正是在这一时期，凯旋门首次出现，成为罗马建筑中的独特形制。

【文学成就】内战期间，罗马人进步的最重要标志表现在文学上。正是在这一时期，罗马开始涌现出属于世界文学的作家。恺撒写下了高卢战争的回忆录，成为清晰的历史学叙事的范本。萨鲁斯特（Sallust）著作了朱古达战争的历史，记述了喀提林阴谋，向我们清晰、生动地描述了相关事件。卢克莱修（Lucretius）创作了哲理长诗《物性论》（*Nature of Things*），书中阐释了伊壁鸠鲁学派宇宙理论，所展现出的想象和描述能力，无论古代，还是近代，几乎没有诗人可望其项背。卡图鲁斯（Catullus）的抒情长诗优雅美丽。西塞罗是这个时代最博学、最多产的作家，他的演说词、信札，以及修辞和哲学论文，提供了古典风格的最佳典范，也使西塞罗跻身世界伟大散文作家之列。

【宗教与道德的衰败】在此期间，当罗马人法律、艺术和文学等方面显示出诸多进步时，但道德和宗教观念却明显退步。罗马人的宗教越来越多地掺杂了东方的迷信和种种堕落的礼仪。在道德生活方面，罗马人深受大征服种种结果之害，大征服带来了财富，使罗马人热衷于奢靡与炫耀。野心和贪婪一直腐蚀着罗马人的生活。医治道德与宗教衰败的唯一药方可在希腊哲学中寻找，但也只能为有教养的阶层所接受。

罗 马 史 纲

L U O M A S H I G A N G

帝国时代

DIGUO SHIDAI

第七阶段:早期罗马帝国(公元前31年至公元284年)

第二十三章 奥古斯都时代(公元前31年至公元14年)

一、新的帝国政权;二、奥古斯都与罗马世界;三、奥古斯都时代

一、新的帝国政权

【帝国的开端】我们把亚克兴之战的年份(公元前31年)定为帝国的开端,因为这一年,屋大维成为罗马世界唯一的、无可争议的主人。对于我们而言,确定帝国开始的某个特定时间并不十分重要,因为人们可以看到,某种帝国主义的形态已经成为一种必然。整个内战期间,我们已经看到,一人掌权的局面不是一蹴而就的。我们看到了格拉古兄弟时代的保民官、马略连任执政官、苏拉的终身独裁官、庞培一人任职执政官,以及朱利乌斯·恺撒的专制统治期间的一人主政等等。罗马人对一人专权恨之入骨,因为一人专权会使罗马人想起高傲者塔克文。但罗马人却无法摆脱君主制,原因在于罗马人没有找到更有效的统治模式取而代之。元老院掌控下的贵族政权表现出的是腐败、低效,给罗马人民带来灾难。没有代表制的民众政府已经显现出自身的不实用性,成为政治煽动者们的猎物。除了建立罗马人不愿意提及的、痛恨的国王的名号的某种君主制形式外,别无选择。

【奥古斯都的政策】没有其他人像奥古斯都一样,更适合把新的君主制变成一种有吸引力的统治模式。我们今天以其官方名号称其为奥古斯都。我们一直习惯性地认为,奥古斯都仅仅是一个精明的政客。但当我们把过去100年间罗马的混乱状态,同奥古斯都带来的和平与繁荣相比较时,我们更倾向于把奥古斯都视为一位明智、成功的政治家。奥古斯都的全部政策是一种和解政策。奥古斯都希望消除内战期间产生的各种敌意,不把自己

当作某一党派的领袖,而视为整个国家的首脑。奥古斯都试图调解他所处时代保守派与改革派之间的关系。所有人珍爱的共和国的各种形式依然保留,奥古斯都是在对元老院、民众没有敌意的各种头衔下,行使手中权力的。

【奥古斯都的头衔及各项权力】返回罗马不久,奥古斯都放弃了此前行使的各项权力,将共和国返还元老院与罗马人民手中(公元前27年)。他所获得的第一个官方头衔是奥古斯都的别号,该名号是为了表彰他的尊贵和对国家的贡献,由元老院授予。接下来,奥古斯都获得了掌控所有边境行省的代行执政官的权力(*imperium proconsulare*),或指挥驻扎在行省军队的权力。奥古斯都还授予自己保民官的权力(*tribunicia potestas*),依据保民官的权力,他成为人民的保护者。奥古斯都还是大祭司长,并获得了祖国之父(*Pater Patriae*)称号。尽管奥古斯都从未有过永久性的执政官、监察官官衔,但他偶尔也担任这些官职,或临时委任自己这些官职的各项职能。奥古斯都仍然保留着大将军(*Imperator*)头衔,使他拥有掌控军队的权力。然而,奥古斯都所认定的能够证明自己真实身份的头衔是第一公民(*Civitatis*),或国家第一公民。据此,新帝王希望别人视自己为一个高级官吏,而非君主——一个得到信任的公民,远胜于一个以个人名义统治国家的统治者。

【奥古斯都与元老院】在确定元老院在新政府中充当的角色方面,奥古斯都表明了自己的怀柔政策。奥古斯都并未完全采纳苏拉和恺撒的方案,而是尽可能多地调解不同意见。通过将恺撒吸纳入元老院的被释奴、行省居民逐出元老院,以及将元老人数从900人缩减到600人等措施,奥古斯都恢复了苏拉时代曾经拥有的元老院的尊严。但奥古斯都并未将苏拉想要授予的立法大权给予元老院,而是根据恺撒曾经的想法,使元老院成为一个咨询机构。理论上,元老院在立法诸项事宜上协助皇帝;事实上,元老院只不过是对奥古斯都提交的各项议案表示认可而已。

【民众大会】奥古斯都没有从形式上剥夺民众大会的立法权,偶尔也向民众大会提交法律,以求获得批准。然而,这仅仅是对习俗的谨慎让步。皇帝认为,出席不实用的大会的民众没有能力决定国家的重要事务。因此,民众大会的各项职责实际上限制在通常由皇帝提名的官职选举范围内。

【共和国的高级官吏】与总方针相一致,奥古斯都并未干涉旧有的共和国各级官吏,而是允许他们尽可能不受干扰地继续留任。一如从前,执政官、大法官、财务官，以及其他官职仍旧选举产生。但执行各项管理的具体任务，皇帝一般不使用这些官吏。执行管理任务的官员由皇帝自己委任。古老共和国的高级官吏与其说是一种荣誉，倒不如说是履行一种责任。

【军队】当得知自己的权力必须拥有军队支持时，奥古斯都小心翼翼地不让军队成为民众的负担。因此，奥古斯都将军团的数量从50个削减至25个。由于每一个军团不超过6 000人，军队的总人数不超过15万。这些军团部署在各个边境行省，内地行省和意大利没有驻扎军队的负担。为维护国内的皇权，维持公共秩序，奥古斯都组织了一支9 000人的近卫军，驻扎在罗马城周边地区。

二、奥古斯都与罗马世界

【罗马、意大利和行省】通过考察奥古斯都统治罗马世界各个地区的手段，我们可以深入了解他的统治策略。整个罗马帝国可视为三部分构成——罗马、意大利和各个行省。现在，我们了解一下奥古斯都在这三个区域内管理方式的改善之处。

【罗马城的管理】我们已经充分了解到过去100年罗马城纷乱的境况，知晓改进的必要性。通过设置使罗马城得到更好管控的新官职，奥古斯都使罗马城的状况得到了改善。第一，奥古斯都建立了一支由一名长官（*praefectus urbi*，市政长官）控制的城市警察部队，维持秩序，以阻止先前经常性的暴力场面的发生；第二，奥古斯都建立了由另一名长官（*praefectus vigilum*，城市治安长官、宵禁官）掌控的消防队和侦缉队，并有权处置纵火犯、小偷和夜间行窃的贼；第三，奥古斯都还将粮食供给置于一常设官吏（*praefectus annonae*，粮食供给长官）管辖之下，该官吏负责把埃及的粮食运回罗马，并负责粮食的合理分配。此外，奥古斯都还解散了那些一直是骚乱温床的秘密团体，取而代之的是政府监督之下的更守秩序的各种社团。出于有效管理之目的，罗马城划分为14个地区或行政区。通过这些措施，人们的生活和财产更加安全，民众更加守法和有秩序。

【意大利的管理】意大利的范围此时扩展至阿尔卑斯山，山南高卢不久前也并入意大利。奥古斯都把全部意大利划分为11个地区，或11个行政区。为了维护共和国时代修建的发达的公路体系，奥古斯都任命了一名公路主管（*curator viarurn*），负责公路维修。奥古斯都还建立了邮政系统，通过这个邮政系统,意大利半岛不同地区能够彼此之间保持通信畅通。奥古斯都通过在不安全地区部署军事巡逻队,抑制了劫匪活动。奥古斯都的政策促进了各地健康、充满活力的自治城市生活的发展。为了缓解意大利的贫困人群的痛苦,奥古斯都继续推进恺撒向行省殖民的计划,在那些地方,移民可以得到更好的各种谋生机会。

【行省管理】奥古斯都统治期间,由于占领了莱茵河、多瑙河南部边远地区的领土,行省数量有所增加。新的边境行省是莱提亚、诺里库姆(Noricum)、潘诺尼亚(Pannonia)和莫西亚(Moesia)。行省不仅数量增多,而且进行了彻底改组。这些行省第一次划成为两部分——元老行省,即元老院控制下的行省;皇室行省,即由皇帝控制的行省。皇室行省一般是边境行省,需要驻扎军队和一名把握军队的总督,所以,皇室行省的总督是皇帝手下将领(*legati*),由皇帝任命,直接向皇帝负责,不允许这些总督掠夺当地居民,并以皇帝的名义尽管理义务。另一方面,元老行省仍把握在元老院任命的代行执政官、代行大法官手中。行省的状况得到了极大改观,新的行省统治机制的建立,使行省居民受益良多,行省民众的财产更有保障,商业复苏,城市繁荣,生活更趋稳定。

【帝国的财政】与行省的划分相一致,财政也分由元老院和皇帝管辖。元老行省的税收纳入元老院管辖的国库(*aerarium*),而皇室行省的税收则进入皇帝的金库(*fiscus*)。使共和国声名狼藉,让行省居民穷苦不堪的、旧有的、令人生厌的税收体制逐步放弃。元老行省和皇室行省的税收由帝国官吏负责。不久以前,一些城市得到允许,由城市的官吏为罗马政府收税。通过对国家收支的详细评估,通过以最经济、民众负担最小的方式提高和扩大公共资金,奥古斯都同样为牢固的财政体制打下了基础。

【帝国边境】奥古斯都通过一系列战争,扩大了帝国边界:北达莱茵河与多瑙河(包括阿尔卑斯山地区),西到大西洋,南抵非洲沙漠,东至幼发拉底河附近。只有两个强大的相邻民族对罗马和平构成了威胁:东方的帕提亚人和北方的日耳曼人。帕提亚人依然保持着克拉苏战败时的状态,奥古斯都凭借娴熟的外交手段,有能力不费一兵一卒便可重新获得帕提亚。然而,奥古斯都却放弃了征服这一东方民族的所有计划。奥古斯都把期待的目光投向了日耳曼人的国家。奥古斯都发兵进犯日耳曼的领土,手下将领瓦鲁斯(Varus)获得短暂胜利后,在著名的条顿堡森林(Teutoberg forest)战役(公元9年)中丢掉性命,所率3个军团遭全歼。奥古斯都划定的罗马与日耳曼边界保持了许多年。奥古斯都告诫他的后继者,认真治理统治他所留下的领土,而不要扩大边界。

三、奥古斯都时代

【阿格里帕和麦森纳斯】与奥古斯都统治相伴随的引人注目的繁荣,是他所创造的并以他的名字命名的时代。这一时代的荣耀主要归功于奥古斯都本人的明智政策,但也得到了与他密切相关的两个人的鼎力相助:阿格里帕和麦森纳斯(Maecenas)。

阿格里帕自孩提时代即是奥古斯都的至交之一。在共和国晚期血雨腥风的日子里,阿格里帕一直以忠告和勇敢帮助奥古斯都,奥古斯都登基前后的一系列胜利,泰半归功于这位能干的将领。凭借自己的艺术才能,阿格里帕同样为罗马建筑的辉煌做出了突出贡献。

与阿格里帕分享奥古斯都信任与爱戴的另一个人是麦森纳斯,一位明智的政治家和文学的庇护人。正是由于麦森纳斯的建议,奥古斯都推进了诸多重要的改革,但麦森纳斯最大的荣耀是赞助那些有作品的作者,并使这一时期成为世界文学黄金时代之一。正是麦森纳斯给予建筑、文学的鼓励,使奥古斯都统治时代成为文明的新纪元。

【大兴土木】据说,奥古斯都曾夸下海口,他接手的是一座砖制的罗马城,留下的却是一座大理石的罗马城。奥古斯都修复了许多神庙,以及倒塌或毁于内战暴乱的其他各类建筑。在帕拉丁山,奥古斯都着手建造宏伟的皇宫,为历代皇帝富丽堂皇的寓所。奥古斯都新建了一座维斯塔神庙,罗马城的圣火在这里永不熄灭。奥古斯都还建造了一座阿波罗神庙,希腊人的图书馆、拉丁作家都与阿波罗关系密切。此外,奥古斯都也为“雷霆朱皮特”(Jupiter Tonans)和神圣朱利乌斯建造了神庙。在所有公共工程中,最有用、最宏伟的工程是旧有的罗马广场和朱利乌斯广场附近的新的奥古斯都广场。新广场上矗立着战神复仇者(Mars Ultor)神庙,是奥古斯都为了纪念他为恺撒之死复仇所进行的战争而建造的神庙。我们还应当注意到雄伟的巴台农(Pantheon)神庙,即众神之庙,今天已成为保存最好的奥古斯都时代的纪念碑。该神庙由阿格里帕建筑于奥古斯都统治时代早期,但哈德良皇帝当政时改变了原来的模样。

【文学的庇护人】然而,比建筑更辉煌、更持久的是这一时期问世的文学作品。这一时期完成的维吉尔(Vergil)的《埃尼阿斯纪》(*Aeneid*)是世界上最伟大的史诗之一。此后,贺拉斯的作品撰写完成,其韵律与韵味举世绝伦。此外,提布鲁斯(Tibullus)和普洛佩提乌斯(Propertius)的《挽歌集》,以及奥维德(Ovid)的作品也相继问世。这一时期的散文作家中,最伟大的作家当数李维(Livy)。李维的著作讲述了罗马城神奇的起源,以及在战时、平时所取得的伟大成就。此间,哈利卡纳苏斯的狄奥尼修斯(Dionysius of Halicarnassus)写作了一部罗马古代史的著作,试图使他的同胞顺从罗马人的统治。地理学家斯特拉波对奥古斯特时代罗马征服的土地进行了描述。这一时期,所有罗马文学的灵感来自不断增长的爱国主义精神,来自对作为世界伟大统治者罗马的褒扬。

【宗教与社会变革】在鼓励文学和艺术的同时,奥古斯都还尝试改善民众的道德与宗教环境。旧宗教正在衰退,但伴随古老神庙的恢复,奥古斯都希望民众重新回归对古老神祇的崇拜。已经遭人轻慢的朱诺崇拜得以恢复,并由奥古斯都的妻子,作为罗马城庇护人代表的李维娅(Livia)负责。通过阻止那些腐化堕落的宗教进入罗马,奥古斯都试图净化罗马人的宗教。奥古斯都认为,一个伟大的罗马人作为神受到崇拜,远比叙利亚、埃及堕落的神和女神强许多,据此,"神圣朱利乌斯"跻身罗马诸神之列。奥古斯都不喜欢犹太教,基督教则尚未传播到罗马。

与试图恢复罗马宗教同步进行的是,奥古斯都还希望恢复古老的道德和从前简朴的生活。奥古斯都本人蔑视奢侈生活和异国时尚。奥古斯都试图改进流行的涉及结婚与离婚的放纵的各种习俗,试图抑制毁灭罗马人口的各种不道德行为。但奥古斯都关于罗马人民的宗教和道德生活的、值得称赞的种种尝试,很难说收到了实际成效。

【奥古斯都之死及其性格】奥古斯都活了75岁,当政45年。在此期间,奥古斯都推行统治的难处在于,没有给人以占据统治地位和同时作为文明世界的独裁者和自由联邦的第一公民等印象。据说,奥古斯都的最后一句话是:难道我没有扮演好我的角色吗?但对于我们而言,没有必要仅仅把奥古斯都想象为一个演员。奥古斯都为恢复世界和平所做的工作是一项伟大而艰巨的任务。在长达一个世纪扰乱共和国争论的各种相互抵牾的观点中,人们要求奥古斯都推进和谐。令人疑惑的是,是否所有的政治家都出色完成了这样的工作。当成为罗马至高无上的统治者时,奥古斯都不仅完全胜任,而且消除了混乱,建立了秩序。奥古斯都对权力的本质感到满意,而对权力的形式并不关心。虽然奥古斯都不如朱利乌斯·恺撒那么伟大,但他的成功也不可小觑。奥古斯都是我们可以称为保守改革者中最伟大的典型之一,他是一个没有毁灭现存制度,完成重建工作的政治家。

第二十四章　朱利安诸帝
——提比略至尼禄

一、提比略的统治(公元14—37年);二、卡里古拉的倒行逆施(公元37—41年);三、克劳狄乌斯的统治(公元41—54年);四、尼禄的统治(公元54—68年)

一、提比略的统治(公元14—37年)

【提比略的性格】紧随奥古斯都之后历代皇帝的品格,让奥古斯都所建立的体制经历了严峻的考验。组成朱利安世系的几个皇帝大多残暴、堕落,让罗马蒙羞。帝国之所以能够生存下来,奥古斯都所做的一切,或许是另一个证明。奥古斯都之后的四个皇帝中,提比略大概是能力最突出的一个。提比略已经表现出了作为将领的能力。在被奥古斯都收养后,提比略协助奥古斯都治理国家,也准备推进已经实施的政策。但在个人性格方面,提比略却与前辈形成了鲜明对照。与宽容、和谐不同的是,提比略冷酷,对那些纳入他的人际关系的人残暴无度。但我们必须对提比略对待敌人和统治帝国的两种方式进行区分。提比略有一定的责任感,也试图把握住传到手中的权力。如果采用奥古斯都的制胜之道,提比略无法达到目的,他采取更严酷的手段,维护自己的权威。

【日耳曼尼库斯的军事行动】提比略首先需要做的是获得军队的支持。莱茵与多瑙诸军团最初不认同提比略的权威,但不久这些军团便被提比略之子德鲁苏斯(Drusus)降服,德鲁苏斯利用一次月食,使士兵对他产生了迷信和敬畏。莱茵诸军团大多决定,希望他们喜爱的将军,提比略之侄日耳曼尼库斯(Germanicus)能够取代提比略。但日耳曼尼库斯忠于提比略,抵制了军队拥他称王的企图。为了扭转军团的反叛想法,日耳曼尼库斯计划入侵并征服日耳曼。日耳曼尼库斯占领了日耳曼部分领土,夺回了瓦鲁斯丢失的罗马军团的军旗。日耳曼尼库斯的军事行动被提比略终止,他将日耳曼尼库斯从莱茵地区召回,派往东方同帕提亚人作战。提比略的这一举动是嫉妒所致,还是他的智慧,我们无法得知。在东方短暂的成功之后,日耳曼尼库斯一命归西。我们依然无法得知,日耳曼尼库斯的死亡是自然死亡,还是非正常死亡。

【提比略的专制措施】提比略在许多方面继续推行奥古斯都政策的同时,也采取了某些流露出他对这种隐晦的君主制并无兴趣的若干措施。首先,提比略通过剥夺民众大会少之又少的立法权,以及把常设官吏的选举转移至元老院手中等手段,使民众各项政治权利丧失殆尽。民众大会由此形同虚设。

其次,提比略为《叛逆法》(*lex maiestatis*)注入了新的含义。该法律从前仅仅涉及颠覆国家的现行犯罪,而此时却囊括了任何可以解释为对皇帝有敌意的言语或行为、表情甚至手势。此即我们称谓的推定叛逆罪。任何国家都能够容忍上述行为的法律,在罗马却成为专制的手段。

再次,为了惩罚自己的各种政敌,提比略鼓励告密,对所有向他提供有关冒犯者信息的人,一律给予奖赏。于是,在罗马城形成了一个告密者阶层,这些人扮演着私人侦探或私人间谍的角色,四处打探与皇帝作对的人的各种消息。

最后,我们应当提及提比略统治的另一个变化,即他把近卫军的几个大队集中在罗马城附近的一个军营中,用以保护皇帝个人,确保自己强有力的统治。

【塞亚努斯的影响】在狡猾奸诈的近卫军长官塞亚努斯的建议下,提比略把近卫军军营迁至罗马。提比略不信任其他任何人,只选择塞亚努斯为自己信赖的顾问。塞亚努斯之于提比略,有似阿格里帕或麦森纳斯之于奥古斯都。但与奥古斯都的这两位挚友不同的是,塞亚努斯渴望权力,是主子的叛逆者。为确保自己的地位,塞亚努斯设计杀死了提比略之子德鲁苏斯。塞亚努斯甚至引诱皇帝离开罗马城,隐居在那不勒斯湾的卡普里(Capreae)岛,留下他一个人掌控政府。塞亚努斯的阴谋与罪行构成了这一时期专制统治的重要内容。提比略发现塞亚努斯的叛逆行为后,罢免了他的官职,将其处死在狱中。与塞亚努斯覆亡相伴随的是起诉他的追随者,以及那些被怀疑密谋反对皇帝的人。尽管这些起诉是在法律框架下进行的,但这一法律是《叛逆法》,判处死刑的手段在罗马制造了恐怖统治。

【行省的繁荣】提比略的残酷统治主要集中在罗马城,重点针对提比略怀疑为政敌的那些人,各个行省没有受到提比略的猜忌,因此,行省持续着奥古斯都时代的繁荣。提比略似乎特别关注行省居民的福祉。和奥古斯都一样,提比略努力使行省免遭不公正的政府和残暴赋税的压迫,据说,提比略最喜欢的一句格言是:一个好牧人应当剪羊毛,而不是把羊皮剥下来。提比略迫害自己的政敌时,也把那些犯有敲诈勒索罪的行省总督绳之以法。据说,提比略在罗马城招人痛恨,而在行省却受人爱戴。一场地震毁灭了亚洲多座城市后,提比略以金钱和减免5年税收等形式送去慰问。提比略死后,罗马历史学家夸大了他的恶行,而他的善行却得到行省居民的赞美。

二、卡里古拉的倒行逆施(公元37—41年)

【卡里古拉最初的承诺】提比略没有确定继承人,元老院因此拥有了充分的选择权。元老院选择了军队喜爱的人选,即著名将领日耳曼尼库斯之子盖乌斯·恺撒(Gaius Caesar)。士兵们友好地称他为卡里古拉(Caligula),亦即人们惯常熟悉的名字。罗马人欢天喜地地迎接卡里古拉,卡里古拉也承诺建立祥和统治。卡里古拉宣称,他准备致力于公共福利。然而,当人们发现帝国落入一个失去理性的男人手中时,卡里古拉继位时许下的宏愿很快烟消云散。因为表现出变幻无常的病态和错乱的头脑,卡里古拉短暂生涯或许让人感兴趣。但除了证明帝国能够与王位上一个疯狂的男人继续存在之外,人们在政治上无能为力。

【卡里古拉的疯狂与放纵】卡里古拉孩提时代即是癫痫病人,他的心智明显不健全。登上王位后,卡里古拉的大脑发生病变,表现出精神错乱的所有征兆。卡里古拉确信自己是神,并把国库的金钱浪费在毫无意义的工程上。卡里古拉在自己居住的帕拉丁山与卡皮托林山之间修建了一座桥梁,以使自己与朱皮特为邻。卡里古拉还带领军队在那不勒斯湾的巴亚(Baiae)海湾架设了一座3英里长的桥梁,他指挥手下士兵在桥上举行胜利游行。卡里古拉还宣称远征不列颠,但当卡里古拉在海岸边集结士兵,就在要登船时,突然对士兵发布一道命令,收集海边的各种贝壳,作为海洋的战利品带回罗马,并指示元老院把这些战利品存放在首都的国库中。为了比卢库鲁斯(Lucullus)更奢侈,卡里古拉一顿饭竟然花掉了总数相当于24万美金的金钱。卡里古拉威胁要在耶路撒冷的神庙里树立自己的雕像，强迫犹太人对自己的雕像进行崇拜。其他许多类似故事对这个疯狂的男人进行了描述——这些故事更适用于说明这种疯狂，而无法载入史册。

【卡里古拉统治评述】幸运的是，卡里古拉仅仅4年的统治向我们展示了一个专制政府与生俱来的祸端：允许一个疯狂的男人统治文明世界。无论是法律，还是理性，罗马帝国没有任何关于王子可以承担责任的规定。一个残忍的暴君沉迷于血腥，抑或一个狂人可以毫无拘束地放纵自己，疯狂至极。限制这种暴政的方法只有一个，就是谋杀，谋杀使卡里古拉的统治走向了终结。

三、克劳狄乌斯的统治（公元41—54年）

【近卫军拥立克劳狄乌斯】克劳狄乌斯是第一个被军队拥上王位的皇帝。因侮辱一名近卫军长官，卡里古拉遭谋杀。元老院还在为皇帝继承人犹豫不决时，近卫军在剧场里发现了克劳狄乌斯，认出他是日耳曼尼库斯的兄弟之后，自认为有权提名克劳狄乌斯当皇帝。元老院不得不接受这一事实，此后相当长的历史时期内，近卫军不断行使提名皇帝的权力。克劳狄乌斯通常代表低能弱智，但与提比略的残暴统治，以及卡里古拉疯狂奢侈对比，克劳狄乌斯的统治令人耳目一新。

【皇室】克劳狄乌斯天生软弱无能，深受家庭成员的影响——他的几任妻子和一些被释奴的影响。他的妻子美萨丽娜（Messalina），以及克劳狄乌斯的侄女——在美萨丽娜死后嫁给克劳狄乌斯的阿格丽品娜（Agrippina）的种种阴谋与罪行，是罗马社会的一大丑闻。深受这些淫荡女人的影响，克劳狄乌斯的统治声名狼藉。但克劳狄乌斯皇室中的几个被释奴却是另外一回事——他的秘书纳西苏斯（Narcissus）、管账先生帕拉斯（Pallas）、学习指导波利比乌斯（Polybius）。这些人是有教养的希腊人，尽管他们被唤作家仆，但克劳狄乌斯把他们视为知己，从他们的建议中获得益处。据说，从克劳狄乌斯开始，皇室仆人变身成国务大臣。

【克劳狄乌斯的公共工程】克劳狄乌斯在建造公共工程方面步奥古斯都后尘。克劳狄乌斯建造了克劳狄高架引水桥，把清水从72.4千米(45英里)外引入罗马。为使罗马拥有一个港口，卸载埃及运抵罗马的粮食，克劳狄乌斯在奥斯提亚附近的台伯河口建造了罗马港。为了改善玛西亚（Marsians）

的农业，克劳狄乌斯开凿了一条工程浩繁的隧道，以排干夫西内(Fucine)湖湖水，该项工程动用3万人劳作了11年。克劳狄乌斯以在湖面上模拟海战庆祝该工程竣工。

【征服南部不列颠】克劳狄乌斯统治期间，最重要的事件是入侵和征服了不列颠部分地区。自百余年前恺撒入侵不列颠后，罗马人对这个岛屿兴趣无多。在手下两位将领奥鲁斯·普劳提乌斯(Aulus Plautius)和韦伯芗(Vespasian)帮助下，克劳狄乌斯此时着手永久立足不列颠。克劳狄乌斯遭遇了著名的凯尔特人首领卡拉克塔库斯(Caractacus)的抵抗，但克劳狄乌斯成功降服了岛屿的南部，不列颠由此接受了罗马文明。

【关照行省】难能可贵的是，克劳狄乌斯对行省的处境给予了非常多的关注。克劳狄乌斯花费许多时间调理东方事务。色雷斯王国成为一个行省，由罗马的一个行政官吏统辖。小亚的吕西亚(Lycia)和非洲毛里塔尼亚双双成为罗马行省。克劳狄乌斯所做出的最重要的举措之一，是将犹太王国归还给希律·阿格里帕(Herod Agrippa)。这样做是克劳狄乌斯出于对这个民族的尊重，为的是消除前朝制造的敌视情绪。克劳狄乌斯通过扩大行省居民的罗马公民权，特别表达对行省的关注，将公民权授予高卢的大部分地区，贯彻了朱利乌斯·恺撒即已开始实施的政策。如果我们排除各种宫廷丑闻，那么克劳狄乌斯的统治因谨慎、明智所致，顾及到了臣民的福祉。

四、尼禄的统治(公元54—68年)

【尼禄统治的前五年】尼禄是日耳曼尼库斯之孙，奥古斯都后裔。近卫军宣布尼禄为王，元老院接受了这一事实。伟大哲学家塞内加(Seneca)是尼禄的老师，有能力的近卫军长官布鲁斯(Burrhus)照顾尼禄的私生活。尼禄的继位受到了人们的欢迎，尼禄也向元老院保证，不干涉元老院的各项权力。尼禄继位前5年即著名的“尼禄统治的前5年(*Quinquennium Neronis*)”，是以明智、善行为标志的。在此期间，尼禄听从塞内加和布鲁斯的建议，深受两人影响，这两个人实际上掌控了帝国的各项事务，避免了年轻的国王行使危害国家的权力。在两人的影响下，告发被禁止，减免了税赋，元老院的权威受到尊重。

【尼禄的暴政与罪孽】但对尼禄影响最坏的是他的一些家庭成员，尤其他那位淫荡、野心勃勃的母亲阿格丽品娜(Agrippina)。这个女人密谋让克劳狄乌斯的儿子布列塔尼库斯(Britannicus)取代尼禄,导致尼禄的第一次家庭悲剧——毒死了布列塔尼库斯。此后,尼禄拜倒在罗马最美丽、邪恶透顶的女人波帕娅·萨比娜(Poppaea Sabina)的石榴裙下。在萨比娜的授意下,尼禄先是杀死了自己的母亲,后又杀死了自己的妻子。尼禄抛弃了他的顾问塞内加和布鲁斯,以人品极为败坏的提格里努斯(Tigellinus)取而代之。尼禄堕落、勒索、残忍暴虐的生涯随之而来,对此已无再描述之必要,这些丑行已经成为人类所有邪恶人性,以及统治者身上的卑劣性格的同义词。

【焚毁与重建罗马城】尼禄当政第十年,一场火灾焚毁了罗马大部分城区。据说,罗马城14个区中,6个区化为灰烬。许多古老的神庙、公共建筑毁于大火,例如,传说罗慕路斯建造的朱皮特·斯塔多(Jupiter Stator)神庙,以及可追溯至王政时代的维斯塔和戴安娜神庙。关于尼禄此次巨大灾祸期间的表现,流传至今的记载不尽一致。有的描述尼禄对于罗马城的大火幸灾乐祸,反复吟诵他自己的特洛伊陷落的诗句;另有记载说,尼禄从不刻意表现自己,拼尽自己的力气扑火,对无家可归者开放公共建筑和皇宫,作为栖身之地,并通过降低谷物价格,减轻民众的苦难。但人们也指责说,假如尼禄有了这些善行,那么会降低人们对他制造这场灾难的怀疑。无论尼禄这些行为哪些是真实的,焚烧罗马的结果是重建一座更加辉煌的罗马城。狭窄的街道得以拓宽,非常壮美的建筑矗立起来。皇帝的虚荣在称为金宫的规模庞大、浮华的皇宫,以及帕拉丁山尼禄本人巨大的雕像中一览无遗。为解决这些建筑的开销,行省被迫交纳贡金,希腊城市和神庙中的艺术品被掠走,用以装饰这些新建筑。

【第一次迫害基督徒】为使人们不怀疑自己焚烧罗马城,尼禄嫁祸于基督徒,基督徒成为尼禄残暴的牺牲品。关于第一次大迫害,罗马历史学家塔西佗的生动记录无人可比。塔西佗的记载引起了我们的特别关注,因为塔西佗的记载中,包括了任何异教作家关于基督及其追随者记载的第一手参考资料。下面这段内容不仅揭示了尼禄的残忍,以及早期基督教殉道者遭受的种种苦难,而且揭示了异教徒对新宗教的偏见。

塔西佗记载,为了驱散谣言,尼禄把罪行转移到他所憎恨的恶劣行为的人,以及被称为基督徒的人身上。尼禄以残酷的折磨惩罚这些人。来自基督名字的基督徒,在提比略统治时代,曾遭受行政长官彭提乌斯·彼拉多(Pontius Pilate)的迫害。沉寂了一段时间后,不仅在犹太,而且在罗马,这一受压制的宗教再次摆脱束缚。那些信仰自己信条的人先是遭到逮捕,然后依据告发,将很多人治罪,没有那么多人对焚烧罗马城负责,只是发泄对人类的仇恨。在这些人死的时候,成为戏弄的对象,他们的身体蒙上野兽皮,被狗撕咬至死;或被钉在十字架上,点燃后作为夜晚照明的火把。尼禄拿出自己的花园用作展示场所。人们出于对受难者的怜悯所动容,因为人们觉得,这些人是在以受苦受难纵容尼禄的残暴本性,而非顾及公共福祉。

【帝国整体形势】尽管尼禄的罪行罄竹难书,但帝国的大部分地区并未受到直接影响,依然保持平稳状态。在宫廷和罗马城上演血腥和阴谋悲剧时,罗马世界总体上是安定和繁荣的。除了皇帝为自己放荡寻求支付与开销的偶尔勒索之外,意大利和各行省正在收获着朱利乌斯·恺撒和奥古斯都诸项改革的成果。在帝国早期的历史上,帝国比皇帝好得多。基于一个昏庸的统治者也比无政府状态好许多的认识,人们忍受了宫廷的无节制和堕落。

第二十五章　弗拉维王朝诸帝——从韦伯芗至多米提安

一、颇具争议的继位；二、韦伯芗的统治（公元69—79年）；三、提图斯在位（公元79—81年）；四、罗马人的生活与习俗；五、多米提安的暴政（公元79—81年）

一、颇具争议的继位

【朱利亚家族绝嗣】尼禄死后，源自朱利乌斯·恺撒和奥古斯都的皇族绝嗣。我们将看到奥古斯都建立的帝国的巨大缺陷。由于谨慎行事，奥古斯都没有制定明确的继承法。理论上讲，王位继承人的任命依赖元老院的选择，这种选择认定候选人应当享有皇权。但事实上，很大程度上取决于军队，皇帝的权力必须建立在军队支持的基础上。皇帝的选择或出自元老院，或出自军队，到目前为止，总是落在朱利亚家族的某个成员头上。但由于朱利亚家族绝嗣，皇位开始向该家族以外的任何人开放。

【王位继承战争】在这种情况下，除了王位争夺，其他任何事情人们无所预料。不仅近卫军，而且战场上的各军团都宣布有权提名王位继承人。不同军队的竞争对手要求把自己喜爱的将领拥上王位，从而导致内战爆发——第一次打破了奥古斯都建立的长时间的和平。

【伽尔巴（公元68—69年）】尼禄死的时候，西班牙各个军团已经推举自己的指挥官伽尔巴（Galba）为皇帝。向罗马进军途中，伽尔巴得到了近卫军的认可，元老院也予以批准。伽尔巴出身高贵，军事业绩突出。但伽尔巴的人生经历简单。莱茵军团举兵反对伽尔巴。近卫军对伽尔巴的简朴和赏银太少表示不满，伽尔巴很快察觉到自己的对手是奥托（Otho），即尼禄统治时期声名狼藉、邪恶淫荡的波帕娅·萨比娜的丈夫。近卫军转而支持奥托，杀死伽尔巴之后，让奥托登上王位。

【奥托（公元 69 年）】奥托称帝短短 3 个月的时间不能称其为统治，仅仅是一种统治的尝试。奥托登基时，发现自己的权力遭到了宣布维特利乌斯（Vitellius）为帝的西班牙和高卢军团的抵制。奥托与维特利乌斯的军队在意大利北部会战，幸运的天平向维特利乌斯倾斜。

【维特利乌斯（公元 69 年）】维特利乌斯刚刚开始沉醉在宫廷奢靡生活时，反叛的战旗便再次竖起，领导者为东方军团有能力、有威信的指挥官韦伯芗（Vespasian）。从前发生的事情此时又一次发生：在意大利北部的同一战场上，奥托的军队被维特利乌斯的军队打败，而此时则是维特利乌斯的军队被韦伯芗击溃。此后，残酷、血腥的战斗发生在罗马城内的各条街道，韦伯芗获得皇位。

这三人所谓的统治的唯一意义，以及三个人参加的内战，揭示了没有正式的继承法律及其巨大危害的事实。

二、韦伯芗的统治（公元 69—79 年）

【新时代的开端】韦伯芗的登基是罗马新时代的开始。接下来的一个世纪，可以视为罗马全部历史上最繁荣的一个世纪。朱利乌斯·恺撒和奥古斯都的理想，似乎变成了现实。从韦伯芗统治开始，至马尔库斯·奥莱利乌斯（Marcus Aurelius）之死，111 年的时间被称为人类历史上最幸福的时光。新皇帝来自弗拉维家族，该家族产生了三个皇帝：韦伯芗、提图斯（Titus）和多米提安（Domitian）。韦伯芗是一个有能力、有才干的君主，他拯救了前任皇帝使城市陷入破败境地的罗马。韦伯芗削减了宫廷开支，树立了节俭的榜样。韦伯芗任命了一批能干的行省总督，把拉丁公民权中的经商权扩大到西班牙。

【高卢的罗马文明】韦伯芗的第一项任务是镇压高卢人的反叛。高卢人在克劳狄乌斯·西威利斯（Claudius Civilis）指挥下，威胁要夺取皇帝手中的罗马城。遭遇三次失败之后，西威利斯被迫放弃自己野心勃勃的计划，高卢再度恢复了平静。在意大利以外的西方，接受了非常多的罗马文明。高卢成为罗马殖民地的中心，高卢的城市由罗马人修筑的公路连接在一起，这里的语言、文学、法律、风俗和艺术与罗马本土已无二致。今天法国境内发现的古代建筑、浴场、高架引水桥等废墟,昭示了整个高卢行省的罗马化程度。

【毁灭耶路撒冷】韦伯芗统治期间最不幸的事件是犹太人起义,并最终导致耶路撒冷的毁灭。自庞培第一次征服开始,犹太的统治权多次变迁,其中某些变迁使犹太人顺应了罗马人统治。但有些事情也唤醒了这个民族的敌对情绪,例如,罗马城内对犹太人非理智的偏见,卡里古拉计划将自己的雕像安置在犹太人神庙内的疯狂企图,以及尼禄的残暴统治等,最终导致了犹太人的大规模起义。在被手下军团拥立为帝时,韦伯芗正在进行同犹太人的战争。后来,战争转交给他的儿子提图斯进行。尽管遭遇了殊死的抵抗,但提图斯还是攻占并毁灭了这座圣城。犹太人失去了民族家园,犹太则成为罗马帝国一个单独的行省。提图斯凯旋门上方的黄金烛台雕塑,是这场不幸战争令人印象深刻的纪念物。

【公共建筑】通过最严厉的节约手段,韦伯芗得以让国库充盈。韦伯芗把通过各种手段获得的大笔金钱用于罗马城的公共建筑。韦伯芗修复了近期内战中毁掉的卡皮托林神庙,规划了以他自己的名字命名的新广场,为他非常敬重的和平女神建造了神庙。但韦伯芗的公共建筑中,最具有纪念意义的建筑是弗拉维圆形露天剧场,有时也称为大斗兽场(*Colosseum*)。这座巨大的建筑占地大约6英亩,可容纳近5万名观众。这座巨大建筑中的各种娱乐活动,也是罗马人最流行的所有娱乐活动。

【罗马人的娱乐活动】罗马人主要的公共娱乐活动在圆形剧场、剧场和大斗兽场内进行。

罗马城内最大的圆形剧场是马克西姆斯剧场(*Circus Maximus*)。马克西姆斯剧场是一个大约610米长,183米宽的建筑。剧场内为不同等级的公民设置了不同座席,一个独立包厢专为皇室设置。竞技活动主要是两轮战车竞赛。场面刺激来自驾车手疯狂、不计后果的战车驾驶,每一个驾车手都努力通过打翻对手赢得比赛。这里同样也进行一些体育活动:赛跑、跳跃、摔跤、掷铁环、投标枪等。有时也有模仿海战和陆战等各种表演。

罗马人对剧场并不十分迷恋,罗马只有三种主要类型的剧场建筑:庞培、马尔塞鲁斯(Marcellus)和巴尔布斯(Balbus)剧场类型。剧场源自希腊的半圆形建筑,和圆形剧场一样,座席为不同等级的观众设置。表演项目主要有夸张的表演、哑剧、舞剧和舞蹈等。据说,奥维德的诗是哑剧表演的内容。

罗马人最流行、最具特色的消遣是圆形剧场内的各种娱乐。圆形剧场外形是两个半圆剧场，组合成为圆形或椭圆形。这种建筑遍布帝国境内各个城市，但都无法与韦伯芗建造的剧场相媲美。圆形剧场内的娱乐活动以角斗和斗兽表演为主。罗马人的娱乐大部分是感官的，吸引了公众的情趣。这些娱乐活动的影响差不多都是负面的，造成的结果是公众道德的退化。

三、提图斯在位（公元79—81年）

【人们喜爱的皇帝】为使权力移交不发生继承战争或其他骚乱，韦伯芗准备死后将统治权移交给自己的儿子提图斯。提图斯的宏伟目标是博得民众对自己的喜爱。提图斯以精彩的海战，庆祝他父亲建造的大斗兽场落成。提图斯的统治温和节制，由此成为最受民众欢迎的皇帝，被誉为"令人类愉悦的皇帝"。据说，有一天晚上，提图斯想起没有给任何人礼物，便遗憾地对朋友说，我丢掉了一天。

【赫库兰乌姆与庞贝城的灭顶之灾】虽然提图斯受人爱戴，但在他统治期间也发生两次重大的标志性灾难。一次是一场焚毁提图斯父亲韦伯芗刚刚修建的卡皮托林神庙的大火，并且殃及巴台农神庙、阿格里帕浴场，以及庞培和马尔塞鲁斯剧场。但提图斯统治期间最重大的灾难是可怖的维苏威火山喷发，毁灭了位于那不勒斯湾的赫库兰乌姆（Herculaneum）和庞贝（Pompeii）两座城市。罗马人从未怀疑维苏威山是一座火山，虽然几年前一场地震使维苏威山发生动摇。小普林尼（the younger Pliny）描述了火山喷发的场面，他的叔父老普林尼（the elder Pliny）在调查火山喷发原因时丢掉了性命。埋没已久的庞贝城已经发掘出土，各种文物生动地展示了罗马人的私生活和生活习惯。

四、罗马人的生活与风俗

【罗马人的房屋】出土的庞贝城废墟向我们展示了大量的罗马人的房屋，包括众多神庙，以及装潢精美的潘萨（Pansa）宅邸。普通的民居（*domus*）由前后两部分组成，并通过中间的庭院或天井连接在一起。前半部分包括一个门廊（*vestibulum*）、宽敞的会客厅（*atrium*），以及主人的私人房间，里面保存着家庭档案。大的天井四周是圆柱。房屋的后半部分包括更多的私人房间：家庭成员斜靠在沙发上用餐的餐厅（*triclinium*）、厨房（*culina*）、浴室（*balneum*）等。和我们今天一样，罗马人没有火炉，基本上没有烟囱。房屋的取暖使用类似炭火盆的便携火炉（*foculi*），里面燃烧着煤或木炭，烟通过门或房顶的开口处排放,有时热烟也通过地面下铺设的管道排出。各个房间的照明或是用以动物油脂或蜂蜡制成的蜡烛,或是赤陶土、青铜制成的油灯,有时这些油灯做工设计非常精美。

【膳食】罗马人通常一日三餐:包括起床后的早餐(*ientaculum*)、午餐或中午饭(*prandium*)和下午的晚餐(*cena*)。贫困阶层早饭是粥,或由粗劣小麦(*far*)做成的早餐(*farina*)食物,以及诸如洋葱萝卜等普通蔬菜、牛奶、橄榄油等。富裕阶层则是来自意大利和世界各地的珍馐美味。

【衣着】罗马男人典型的衣服是托袈(*toga*),一种宽松、多褶皱的随便搭在身上的衣服,覆盖在称之为图尼卡(*tunica*)的贴身短外衣之上。罗马人脚上穿拖鞋,通常不戴帽子。罗马主妇的衣服由三部分构成:紧身图尼卡、长及脚面的外衣司多拉(*stola*)、能够遮盖全身的披肩帕拉(*palla*)。女士们会煞费苦心地整理自己的头发,也拥有平素喜欢的饰品——项链、手镯、耳环和价格不菲的各种珠宝。

【书写材料】罗马人书写时使用不同的材料:首先,写字板(*tabula*)或覆有蜂蜡的一块薄木板,用尖锐的铁铅笔(*stylus*)在上面书写;其次,一种由名曰纸草(*papyrus*)的植物制成的纸张(*charta*);最后,由动物皮制成的羊皮纸(*membrana*)。在纸张、羊皮纸上书写用的笔,由小刀削尖的芦苇茎制成,墨水则用油烟混合而成。一本书(*liber*)写完后,将不同的纸张、羊皮纸粘贴在一块长条形布面上,卷成一个木棒型的卷。图书馆(*bibliotheca*)收藏时,将这些卷放置在不同的架子上或不同的盒子里。

【职业】罗马人从事的主要职业和行业与今天非常相似,包括专门化职业、商业、技术行业、务农等。律师、教师、祭司和医师属于高深学问的职业。商人阶层包括商人、银行家、承包商,早些时候的收税人也名列其中。手工劳动行业种类繁多,包括玻璃制造、陶器、面包制作、织布、制衣、木器、皮革、铁器、青铜器、金银器皿制作等。工匠们为了共同的利益,经常组成各种协会或基尔特。这些基尔特非常古老,起源可追溯至努马时代。罗马的农业从业者主要包括地位较高阶层的大土地所有者、小土地经营者、自由民劳动者和奴隶,奴隶是耕种土地的主要劳动力。总之,自称高尚的罗马人蔑视体力劳动,把体力劳动交由奴隶和被释奴完成。

【婚姻】罗马人的婚姻习俗主要内容有:首先是订婚仪式(*sponsalia*),包括新娘父亲正式同意,以及以节日形式的请柬或奉上订婚戒指等;其次是结婚典礼。要么在宗教性质的婚礼上,当着祭司(*confarreario*)的面分食供奉神明的蛋糕,要么在世俗婚礼仪式上,父亲以合法有偿转让(*coemptio*)的形式交出自己的女儿。帝国时代,人们没有这些仪式,只是简单的同意即可。这一时期,离婚现象很普遍,社会公共道德已经败坏。

【城镇生活】帝国各个城镇在总体外观上,是位于台伯河畔首都罗马的"缩小版"。每一座城镇都有自己的广场、神庙、巴西里卡,以及各种娱乐场所。城镇的政府似乎是罗马城古老政府的翻版:拥有自己的高级官吏,与罗马古老的执政官颇为相似,这些官吏中,有两名主要官吏(*duumviri*)。城镇有自己的议会或元老院(*curia*),掌控在地方的社会上层(*curiales*)手中。城镇居民也能在罗马城内观看各种演出、娱乐中获得愉悦。在庞贝城,人们在建筑物的墙壁上发现了乱写乱画(*graffiti*)的各种内容,或某些书写内容是一些关于城镇居民日常生活的重要证据,其中某些内容大大超越了仅仅作为涂鸦的存在。那些人们经常光顾的各种建筑物上,留有大量类似书写内容。在庞贝城,人们发现了公共演出的各种广告、销售备忘录、膳食收据、个人的讽刺作品、爱情的倾述等,数以百计关于古代居民普通生活的类似记录。

如果我们对帝国境内诸多城镇进行区分,我们会看到,帝国西部的城镇比帝国东部城镇罗马化程度高许多。帝国西部流行拉丁语,而东部则通行希腊语,但拉丁语在东西部都是官方语言。另一方面,和东部一样,希腊语方面的知识在西部是文化的一个标志。

五、多米提安的暴政(公元81—96年)

【暴君多米提安】韦伯芗和提图斯开创的幸福时光,被提图斯的弟弟多米提安的意外暴政所打断。多米提安似乎是在步提比略、尼禄之后尘,他蔑视元老院,轻慢法律。多米提安效法告密的先例,犯下了许多勒索、强征的罪行,并迫害犹太人和基督徒。和提比略一样,多米提安生性多疑,总是生活在对暗杀的恐惧中。多米提安的恐惧变成了现实,宫廷内发生了反对他的阴谋,一个被释奴结束了他的生命。

【阿格里克拉在不列颠】多米提安统治期间最重要的一件事,是把罗马人的统治扩展到不列颠。韦伯芗在位期间,阿格里克拉(Agricola)即已被任命为不列颠总督,但直至多米提安时期,他的军队才获得胜利。此时,不列颠行省的边界向北推移,一块新的土地为文明的进入打开了大门,不列颠散布着罗马人的城市,并通过宽敞的军事公路连接在一起。和高卢一样,罗马人的法律、习俗在这里安家落户,尽管没有像欧洲大陆行省那样获得长久性影响。

【罗马文学的白银时代】奥古斯都之后的罗马文学史,通常被称之为白银时代。朱利安诸帝的残暴统治对文学的成长是不利的。这一时期,只有两个文人出类拔萃:斯多噶哲学家塞内加,写下庞培与恺撒之间内战史诗的陆侃(Lucan)。弗拉维王朝,文学复苏,并在后来的皇帝统治时期继续发展。此时,最著名的作家中,享有盛名的作家是讽刺剧作家尤文纳尔(Juvenal)、历史学家塔西佗、十二恺撒传作者苏维托尼乌斯(Suetonius)、讽刺诗人马提亚尔(Martial)、修辞学家昆提利安(Quintilian),以及书信集的作者小普林尼。尽管白银时代的作品无法与奥古斯都时代的优雅风格相媲美,但也表现出非比寻常的活力和创造力。

第二十六章 “五贤帝”:从尼尔瓦到马尔库斯·奥莱利乌斯

一、尼尔瓦在位(公元96—98年);二、图拉真的统治(公元98—117年);三、哈德良的统治(公元117—138年);四、安东尼乌斯·皮乌斯统治下的无事之秋(公元138—161年);五、“哲学家帝王”马尔库斯·奥莱利乌斯(公元161—180年)

一、尼尔瓦在位(公元96—98年)

【帝国的繁荣】多米提安死后,帝国又回到明智、慈善的统治者手中,人们通常称其为“五贤帝”:尼尔瓦、图拉真、哈德良(这几个皇帝之间是收养关系)和两位安东尼乌斯:安东尼乌斯·皮乌斯(Antoninus Pius)和马尔库斯·奥莱利乌斯。开始于韦伯芗时代的繁荣,在这几位皇帝治下得以继续。在此期间,罗马文明抵达顶点,社会发展进入最佳时段。尼尔瓦既不是近卫军的选择,也非军团拥立,而是元老院的决定。尼尔瓦在短暂的统治时间内,除了纠正前朝皇帝的各种不公之外,无其他作为。尼尔瓦禁止了告密的恶习,召回了被多米提安流放的人士,减轻了民众的赋税负担,对基督徒采取宽容政策。尼尔瓦明智、公正的统治得到了所有古代史家的赞誉。为防止死后出现麻烦,尼尔瓦收养图拉真作为继承人,并与他共治帝国。

【尼尔瓦的济贫努力】尼尔瓦短暂的统治独特的特点之一是周济贫困者的尝试。首先,尼尔瓦从富有的土地所有者手中购买了大片土地,把这些土地分配给贫困的公民。值得注意的是,尼尔瓦把这项法律提交给了公民大会。其次,尼尔瓦对公众教育表现出了极大的兴趣。尼尔瓦设立了某项基金,把基金的利息用于贫困家庭的儿童教育。尼尔瓦后继者依然将这种基金利息用于照顾贫困阶层教育。

【罗马人的教育】罗马人的教育尽管经常得不到国家的资助,但普及率也很高,颇受重视。罗马教育的主要特色来自希腊。这种教育专注于开发人的各种智力,为公共生活培养人。男女孩童六七岁时开始上学。孩子们初级学习的内容包括阅读、书写和算术等。通过玩耍刻有字母的象牙块,激发孩子们学习字母表的兴趣。孩子们通过写字板上的摹本学习书写,通过算盘(*abacus*)和计数器(*calculi*)等方法学习算术。更高层次的教育由我们称之为文科(*artes liberales*)的各个学科组成,包括拉丁语、希腊语、作文、演讲术,以及精神和道德哲学等。教育的一个重要部分是公开场合的朗诵和辩论,为论坛刻意培养年轻人,类似论坛也经常在各种神庙举办。国家有时也资助教育,即前面提到的尼尔瓦的举措。尼尔瓦之后,哈德良在一个名曰图书馆(*Athenaeum*)的建筑中创立了一所公共学校。除了学生的学费之外,国家有时也支付给教师(*professores*)一些酬金。

二、图拉真的统治(公元98—117年)

【图拉真的伟大】继朱利乌斯·恺撒和奥古斯都之后,图拉真堪称罗马君主中最伟大的一位。尼尔瓦收养图拉真得到了元老院的认可,图拉真让自己赢得了军队和大多数民众的好感。图拉真出生在西班牙,是第一个非意大利出生的皇帝,说明罗马人和行省居民之间的差别正在消失。图拉真是一位骁勇善战的将领,一位明智的政治家,也是成功的管理者。图拉真继续尼尔瓦割除从前独裁政府强加给罗马人的种种弊政的努力。图拉真恢复了民众的选举权,恢复了元老院言论和诉讼的自由,恢复了高级官吏从前的各项权力。图拉真废除了《叛逆法》,他认为,帝国首席高级官吏是适合他的职位。图拉真是文学和艺术慷慨的资助人。图拉真同样渴望改善穷人的处境,据说,有5 000儿童每天从图拉真那里获得食物。图拉真获得了罗马人的高度敬重,乃至他的帝号上增加了——Optimus(最好的)。

罗马主要行省及其获得、设置时间

一、欧洲行省	三、亚洲行省
1. 西方 西班牙(公元前205年至公元19年) 高卢(公元前120年至公元17年) 不列颠(公元43—84年) 2. 中部 莱迪亚和文德里西亚(Rhaetia et Vindelicia,公元前15年) 诺里库姆(公元前15年) 潘诺尼亚(公元10年) 3. 东部 伊里利库姆(公元前167年至公元前159年) 马其顿(公元前146年) 莫西亚(公元前20年) 色雷斯(公元40年)	1. 小亚 亚细亚行省(公元前133年) 彼泰尼亚和本都(公元前74年,公元前65年) 西里西亚(Cilicia,公元前67年) 加拉提亚(Galatia,公元前25年) 潘菲利亚和吕西亚(公元前25年,公元43年) 卡帕多西亚(公元17年) 2. 亚洲西南部 叙利亚(公元前64年) 犹太(公元前63年至公元70年) 阿拉伯佩特里亚(Arabia Petraea,公元105年) 亚美尼亚(公元114年) 美索不达米亚(公元115年) 亚述(公元115年)
二、非洲行省	四、岛屿行省
阿非利加行省(公元前146年) 昔兰尼加和克里特(公元前74年、公元前63年) 努米底亚(公元前46年) 埃及(公元前42年) 毛里塔尼亚(公元42年)	西西里(公元前241年) 撒丁尼亚与科西嘉(公元前238年) 塞浦路斯(公元前58年)
总数:32	

【图拉真的征伐】奥古斯都死后,除了不列颠之外,罗马领土再无扩大。但在图拉真统治时期,罗马人再次成为征服的民族。图拉真率领军队越过多瑙河,获得了达契亚(Dacia)行省。然后,图拉真挥师进军亚洲,作为同帕提亚人短暂交战的成果,亚美尼亚、美索不达米亚和亚述归顺罗马。图拉真统治时代,罗马的领土达到了最大化。

【图拉真建造的公共工程与建筑】罗马、意大利,以及所有行省,都在图拉真明智的管理下获益匪浅,罗马帝国也达到了辉煌的顶点。为了援助行省居民,图拉真修筑了多条公路。图拉真恢复了意大利多处港口,改善了罗马城的供水系统。图拉真建造了两座浴场,其中之一为女性专用。图拉真最伟大的纪念碑是新广场，广场上矗立着纪念图拉真胜利的精美的纪功柱。

【罗马艺术】这一时期，罗马的艺术也抵达了顶点。如同我们先前注意到的，罗马人的艺术，很大程度上是希腊艺术之后的典范。尽管缺乏希腊人所拥有的精致的审美能力，但罗马人依然在颇大程度上表达了雄伟厚重和壮观尊贵等理念。如庞贝城的绘画所示，在雕塑与绘画中，罗马人模仿、复制了诸如维纳斯、阿波罗等希腊人神明的各种形象，以及希腊神话中的场景。在皇帝胸像和形象雕刻方面，罗马人有了长足的进步，提图斯凯旋门和图拉真纪功柱上的各种浮雕即是如此。

然而，在建筑方面，罗马人出类拔萃。凭借一系列精美的建筑，罗马人在世界最伟大的建筑师中名列前茅。我们已经看到共和国末年，奥古斯都时代的这种进步。由于图拉真的贡献，罗马成为一座华丽公共建筑随处可见的都市。城市的中心建筑是罗马广场，此外还有朱利乌斯广场、奥古斯都广场、韦伯芗广场、尼尔瓦广场和图拉真广场。这些广场四周矗立着神庙、巴西里卡或法庭、柱廊和其他各类公共建筑。其中吸引人眼球的、最辉煌的建筑当为朱皮特神庙和卡皮托林山上的朱诺神庙。在罗马人从希腊人那里获得了建筑美学的主要理念时，随之而来的问题是，即使伯利克里时代的雅典，也无法呈现一如图拉真、哈德良时代的气势宏伟场面：各种广场、神庙、高架引水桥、巴西里卡、宫殿、柱廊、圆形剧场、剧场、竞技场、浴场、凯旋门和历代陵寝等。

三、哈德良的统治（公元117—138年）

【哈德良的政治才能】图拉真死后，近卫军宣布图拉真的养子哈德良为帝。但哈德良认为这种行为不合法，要求元老院正式选举。哈德良与图拉真在某些方面颇为相似，拥有相同的慷慨大度和为民众谋福利的渴望，也同样希望带给罗马辉煌的建筑。和图拉真一样，哈德良是文学的友人，是美术的保护者。但哈德良与图拉真不同的是，他不认为罗马的伟大建立在军事荣耀的基础上。哈德良认为，应当维持一支军队，但对外征服远没有自己臣民的幸福更重要。在政治理念和管理能力方面，哈德良作为政治家的典范当之无愧。据说，哈德良在学识造诣和综合能力方面，远远超出了自朱利乌斯·恺撒之后的历代统治者。哈德良对基督徒采取了宽容政策，对许多民族和帝国境内的各种信仰抱有同情心。哈德良对在位期间起义的犹太人发动了唯一一次战争，表现出了一种超乎寻常的冷酷。

【哈德良放弃图拉真的征服政策】哈德良认为，罗马人的使命不是征服世界，而是教化自己的臣民。因此，哈德良主动放弃了图拉真在东方亚美尼亚、美索不达米亚、亚述等行省的大规模征服行动。哈德良宣称，图拉真的东方政策是一次巨大的失误。哈德良公开声称，坚持奥古斯都的方针，即把帝国变得更好比扩大帝国疆域更重要。

【元首顾问会】哈德良政治家风度的另一个人们知道的表现是虚心求教。据说，哈德良某些时候也表现出易怒的脾气，但哈德良总体上代表了超凡人物，在能力上为罗马诸代帝王不能比拟。哈德良非常尊重元老院，从前历代皇帝很少咨询的皇室顾问团体（*consilium principis*），哈德良时代变成了一个永久性机构。此时，皇帝不再是提比略时代那些卑劣顾问们的牺牲品，皇帝周围的顾问们都以学识和智慧引人注目。这些顾问往往是训练有素的律师，是司法规则的行家里手。

【萨尔维乌斯·朱里亚努斯的永久敕令】哈德良在位期间，最重要的一个事件或许是对罗马法最精彩部分的编纂。自十二铜表法问世以来，再无任何法律规则的收集整理。古代的法典是以先民的习俗为基础制定的，代表不了法官们当下执行的现存的法律。一部新的、更好的法律在监察官和行省总督的法庭内生成，并在这些高级官吏的各种布告中得以表达，但却是大量的、零散的。哈德良委派手下一名法学家萨尔维乌斯·朱里亚努斯（Salvius Julianus），将这部法律整理成一个简明的版本，以便更好地为帝国境内的法官提供帮助。这便是永久敕令（*Edictum Perpetuum*）。

【巡幸诸行省】与任何一位前朝皇帝相比，哈德良对行省表现出了更多的同情心。哈德良统治期间，行省异常繁荣，居民平安幸福。哈德良把自己表现为正直的君主和民众真诚的朋友。为熟悉民众的处境和免除民众的各种疾苦，哈德良花费许多时间巡幸各个行省。在长达23年的统治期间，哈德良2/3以上的时间是在意大利以外度过的。哈德良在帝国的一些主要城市建有临时行宫——约克、安条克和亚历山大里亚，在这些地方，哈德良始终关注自己臣民的切身利益。如同在罗马一样，哈德良在各个行省建造许多宏伟的公共建筑，假如不是特别杰出，哈德良也不会赢得与图拉真齐名的伟大建筑师的名望。维纳斯和罗马（Roma）神庙，以及今天依然可见的、名曰圣安格鲁（St. Angelo）的陵寝装饰了罗马城。哈德良还建筑了坚固的要塞，用以保卫边境，其中之一是连接多瑙河与莱茵河上游的防线，另一个则是不列颠北部边界的哈德良长城。

【行省的生活:交往、通信和贸易】行省总的管理体制变化无多,依然是两种类型:元老行省由代行执政官和代行大法官统治;皇室行省由将军或皇帝手下将领统辖。帝国时代,行省境况的改善应归功于给予行省总督更长的任职期限,更多的财政方面的经济管理职能,以及征税体制的废除。

在激发行省居民生活新的风气方面,诸如哈德良这样的皇帝对帝国的积极影响清晰可见。行省民众不再像共和国后期那样,遭受收税者劫掠,能够用自己的财富改善、美化所在城市。新建筑物和新的公共工程显示了日渐增多的公益精神,矗立各地新建筑,不仅有各个城市政府的投资,也有公民私人掏腰包。通过改善通信手段,不同行省居民之间的关系更加密切。此时,公路已延伸到帝国全境,不仅用于运送军队,而且用于交往和通信。行省民众由此相互熟悉。许多高等级公路用作邮路,各种信札可由私人邮差或政府信使送达。

通过日益增加的贸易活动,帝国不同行省间联系日益紧密。这些贸易活动提供了罗马公民最看重的活动之一。地中海此时已是帝国最畅通的“高等级公路”,行省环绕地中海四周。地中海上穿行的各种商船,往来于不同的陆上目的地,交换各种货物。帝国各个行省由此连接成为一个商业共同体。

四、安东尼乌斯·皮乌斯统治下的无事之秋(公元138—161年)

【安东尼乌斯的美德】如果渴望在罗马史上找到一个比哈德良品格更高尚的皇帝,那么我们或许会发现,这个皇帝就是哈德良的养子、继承人安东尼乌斯(Antoninus),姓皮乌斯(Pius)。安东尼乌斯·皮乌斯儿子马尔库斯·奥莱利乌斯做出的描述,值得所有时代的年轻人阅读。马尔库斯·奥莱利乌斯说,在我父亲身上,我看到了举止温和、果断刚毅和蔑视虚荣。他知道什么时候休息,也知道什么时候工作。他教导我克服各种不良嗜好,使自己成为普通人中的一员,不要给朋友增加额外负担。在他身上,我学到了不为各种财富所动,保持平静与沉着;不听信低俗的夸赞,蔑视卑鄙的批评,不以迷信之心敬拜神祇,不以功利心服务人类。他谨慎节制,只留意自己的职责,并不在意可能对他构成影响的各种评价。他的生活和习惯特点就是如此——没有严厉,没有过分,没有粗鲁,更没有鲁莽和暴力的表现。

【相安无事的统治】尽管在位长达23年,但安东尼乌斯的统治是历史上著名的无事之秋。由于历史上的多数时间通常被称为由各种战争、骚乱、灾难和纷争的变故重生构成的历史,所以,给予安东尼乌斯最高的赞誉则是,他统治时期得名无事之秋。我们看不到征伐、暴乱、掠夺和残酷。他的统治是普遍真理的例证,是历史上从未有过的人类的幸运。安东尼乌斯虽然不是哈德良那样伟大的政治家,但他也使帝国保持着和平与繁荣。他以娴熟和简练的手段管理财政,对臣民友善;由于他的干预,雅典和帖撒罗尼卡(Thessalonica)的基督徒免遭迫害。

【安东尼乌斯对法律与法制的影响】如果寻找安东尼乌斯统治最有特色之处,那么我们能够在法律领域内找到例证。高度的正义感使安东尼乌斯和那一时代的著名法学家关系密切,这些法学家此时开始让安东尼乌斯感觉到他们的影响。和这些法学家在一起,安东尼乌斯确信,法律的精神远比字面意义更重要。安东尼乌斯的一句格言是:法律不应当轻易改变,法律应当被人解释,以便满足正义的要求。安东尼乌斯制定了一项重要的原则,即任何人在没有被证明有罪之前,应是无辜的。安东尼乌斯减轻了奴隶的痛苦,宣布任何人不仅不可以杀死自己的奴隶,甚至也不可以杀戮他人的奴隶。大约在安东尼乌斯统治末期,一篇名曰"盖乌斯的原则"最基础的论述面世。

【罗马的法律体系】有人认为,古人留给现代世界最伟大的遗产是基督教、希腊哲学和罗马法。如果没有考虑到罗马文明的最高成果,我们研究罗马史也徒劳无益。我们必须关注罗马人的圆形剧场、竞技场、凯旋门和各种神圣的庙宇,以便认知罗马人生活的非常独特、不朽的特征,但我们更应当关注罗马人的巴西里卡——罗马人的法庭,罗马在法律的框架内,对自己的公民和臣民实施公平原则。

【政府和管理】安东尼乌斯在位期间,帝国统治达到了巅峰状态。这个政府实际上最值得注意的典范,是历史上曾经见到的、我们称之为永远不变的专制政府的典范——政权掌控在一个人手中,但却是为了民众的利益单独行使权力。从这一角度而言,朱利乌斯(恺撒)和奥古斯都的理想全部变成了现实。皇帝被视为国家的化身,法律的人格化,以及正义、平等和国内和平的促进者。皇帝控制着政府各个管理部门,并选拔执行皇帝意志的各级官吏。罗马人的一句格言很好地表达了帝国政府的这一性质:让拥有法律力量的皇帝愉悦。

五、"哲学家帝王"马尔库斯·奥莱利乌斯（公元161—180年）

【王座上的哲学家】马尔库斯·奥莱利乌斯是安东尼乌斯·皮乌斯的养子，养父死后继承王位。新皇帝首先是一位哲学家，在斯多噶学校从事过研究，他本人是该学派道德准则的最佳化身。马尔库斯·奥莱利乌斯睿智、勇敢、公正、节制。他的正直、男子汉气概，在异教徒世界的历史上，再无更高尚的先例。无论做什么事情，他的行为都出自纯粹的责任感。然而，他作为男人的性格远远超越了作为政治家的能力。据我们所知，马尔库斯·奥莱利乌斯从不回避众所周知的公共或个人的责任，但两者界限并不清晰，以至于他的个人责任感总是与帝国最大利益交织在一起。

【马尔库斯·奥莱利乌斯在位期间的诸多不幸】评价这一伟大人物时，我们不应忘记，他在位期间是罗马帝国一个多灾多难的年代。罗马遭受了历史上最恐怖的瘟疫和饥馑的袭击，灾难携带着死亡与不幸，从东方扩散至各个行省。一位史家或许有某些夸大的断言认为，帝国人口损失一半。北方强悍的蛮族企图冲破帝国边境，威胁要侵占一些行省。但马尔库斯·奥莱利乌斯以勇敢和耐心应对这些危险。

【迫害基督徒】皇帝的责任意识并未总是和民众最大福祉联系在一起的事实，最突出的事例通过迫害基督徒得以显现。新宗教在东西方各个行省找到了存在形式。最初，一些城市的普通民众接受了基督教。由于遭到许多人鄙视，基督教成为水火难容的对立和每每发生的民众骚乱的诱因。基督徒的秘密集会产生了许多关于基督徒宗教仪式的诽谤性传说。人们认为，在某些方面，基督徒应对上帝给予人类的一系列灾祸负责。从尼禄时代开始，统治者对新教派的政策并非一成不变。但到目前为止，历代帝王中的杰出皇帝，图拉真对基督教持谨慎态度，哈德良采取宽容政策，安东尼乌斯则对基督教公开表示友好。马尔库斯·奥莱利乌斯坚持认为，基督徒是各种民众骚乱的原因所在，并认为新教派对社会安宁构成了威胁。马尔库斯·奥莱利乌斯因此发布命令，对那些放弃信仰的人既往不咎，但那些坚守信仰的人应处以死刑。关于基督徒的地位和在扰乱社会安宁中的角色，通过这项法案的最仁慈的判决是皇帝铸成大错的结果。

【边患】马尔库斯·奥莱利乌斯统治期间,帝国和平第一次遭遇外敌入侵的严重威胁。罗马边境最强大的敌人是东方的帕提亚人和北方的日耳曼人。帕提亚人很快被击溃,但北方蛮族马克曼尼人(Marcomanni)和贾提人(Quadi)持续进犯罗马边境,长达 14 年之久。迫于北方斯拉夫人(Slavonians)和东方图拉尼亚人(Turanians)的压力,这些部落成为最终蔓延至整个帝国,大规模移民的北方诸民族的先驱者。凭借勇气和高度的使命感,马尔库斯·奥莱利乌斯同这些游牧部落进行了斗争,成功地坚守了北方边境的大部分。马尔库斯·奥莱利乌斯死在维也纳(Vienna)自己的营帐中,死在恪守的岗位上。虽然我们谴责他关于基督徒的政策,但我们必须因为他生活的清白,以及作为男人的高尚,对他表达敬意。

【罗马哲学】马尔库斯·奥莱利乌斯在生活和作品中,表达了罗马哲学的最高理念。然而,据说罗马人无法证实自己哲学体系的原创性,因为这些哲学几乎全部来自希腊。罗马人非常熟悉的哲学体系有两个:伊壁鸠鲁学派和斯多噶学派。伊壁鸠鲁学派认为,幸福是生活的伟大目标。但希腊哲学家倡导的幸福的高层次理念,却堕落为自我愉悦的观念,该观念轻而易举地成为几乎所有放纵行为的借口。在罗马,我们看到了这一观念对生活的影响,尤其是对富裕的和好逸恶劳的阶层的影响。另一方面,斯多噶学派认为,生活的目标就是依据人类本性的最高法则生活。这一信条趋向塑造正直、坚强的性格。这种观念产生的影响并不是消极的,故此,我们发现,某些高尚的罗马人坚持这种观念的宗旨——如加图、西塞罗、塞内加和马尔库斯·奥莱利乌斯等。斯多噶哲学同样对罗马的法学家产生了积极的影响,这些法学家确信,国家的法律应与正义和公平的更高级法律水乳交融。

第二十七章　帝国的倾覆

一、塞维鲁斯家族统治时代；二、分崩离析的帝国；三、伊利里安诸帝

一、塞维鲁斯家族统治时代

【早期帝国之检讨】回顾开始于奥古斯都时代的罗马世界的存在环境时，我们可以认为，共和国的倾覆与帝国的建立不是坏事。我们看到，取代结束共和国的内战与纷争的是，长达两个多世纪的和平与稳定。我们看到，一些非常温和与慷慨的政策，改变了行省民众被压迫、遭掠夺的不公正待遇。我们也看到，傲慢、自私寡头掌控的政府，总体上被明智、爱国皇帝掌控的政府所取代。从奥古斯都继位，到马尔库斯·奥莱利乌斯驾崩（公元前30年至公元180年），历时211年，只有三个在位时间较短的皇帝——提比略、尼禄和多米提安——被认为是暴君，但他们的残暴仅限于整座罗马城，或是针对他们个人的政敌。因此，我们应该认为，在罗马人的历史上，帝国的建立标志着进入了一个进步而非衰退的历史时期。

【衰退的征兆】尽管在满足各种民众需求方面，帝国比旧贵族共和国做得更好，但也存在诸多颓势因素。罗马人自身拥有人类本性的一系列弱点，帝国政府也存在所有人类各种制度的缺陷。民众中道德和宗教的衰退，是帝国软弱与毁灭的主要原因。如果追问什么是道德衰败的征兆，我们的答案是：社会各阶层的自私自利，财富的聚集不是依靠正当的勤勉获得，而是贪婪战争掠夺的结果；对金钱的钟爱和对奢华的热衷，穷人的窘迫及其随之而来的恶习与犯罪；奴隶劳动的悲惨处境；人口递减，爱国主义精神衰落等。这些道德疾患几乎是任何政府都无法医治的。

【军事专制】帝国统治最大缺陷是政权建立在军事基础之上，而不是依

赖民众的理性意愿。许多皇帝深得民众和臣民的爱戴的确是不争的事实,但他们的权力靠山是军队,军队也清楚自己的实力,此时的军队向政府提出的各种要求,比从前任何时候都要多。从马尔库斯·奥莱利乌斯之死,到戴克里先(Diocletian)继位(公元 180—284 年)被称为军事专制时期。这一时期是士兵拥立皇帝时期,大多数皇帝成为军队刀下鬼。在 104 年的时间里,29 位各色统治者拥有帝王名号,仅有寥寥数位属能力超群之辈,绝大多数为无能卑劣之徒。其中几位,称王不过数月。这段历史的大部分内容包含的仅仅是政府衰败的各种记录。除了举例说明军队的专横,以及衰败和瓦解总的趋势外,几乎无重大事件。

马尔库斯的不孝之子康莫都斯(Commodus)统治结束后,士兵成为罗马的真正统治者。康莫都斯的继任者皮尔提那克斯(Pertinax)死在士兵刀剑下,帝国出售给愿意给予士兵赏银数量最多的人。这件事在一位名曰狄迪乌斯·朱里亚努斯(Didius Julianus)富有元老那里得到了证实,他拿出了相当于 1 500 万美元的金钱,得到了王位。但狄迪乌斯·朱里亚努斯在位时间仅仅两个月。与此同时,不同地点——不列颠、潘诺尼亚、叙利亚——三支军队各自宣布自己的将领为皇帝。

【塞普提米乌斯·塞维鲁斯(公元 193—221 年)】潘诺尼亚相邻行省的军队司令官第一个抵达罗马,因此,有能力击败对手,确保王位。塞普提米乌斯(Septimius)的统治因改组近卫军而闻名。近卫军为奥古斯都组建,提比略将其移至罗马城内。塞普提米乌斯从军团中选拔 4 万精兵,组建了一支卫戍部队,取代了原来由 9 000 士兵组成的近卫军。塞普提米乌斯这样做的目的,是要军队给统治者提供更强大的支持,但事实上也使军队在提名皇帝方面施加了巨大影响。塞普提米乌斯消灭了元老院中的政敌,清除了元老院权威的最后遗迹。塞普提米乌斯本人是有能力的军人,在东方赢得过几次战役的胜利。

【卡拉卡拉敕令】从前诸代皇帝逐步实施授予的罗马公民权,此时给予罗马帝国境内所有自由居民。这一重要举措是塞普提米乌斯·塞维鲁斯(Severus)不成气候的儿子,残暴的继承人卡拉卡拉(Caracalla)做出的。颁布该敕令的目的是为了扩大遗产税增加税收,这些税收此前仅仅依赖罗马公民。虽然卡拉卡拉的动机是贪婪的,但该敕令是此前一系列改革的组成部分,弭平了罗马人与行省居民之间最后的差别。卡拉卡拉恶名远播,不仅因为他残酷的财产剥夺,而且特别因为他处死了罗马最伟大的法学家、拒绝为他辩护的帕皮尼安(Papinian)。

【亚历山大·塞维鲁斯(公元222—235年)】继马克里努斯(Macrinus)短暂的统治,以及所有皇帝中最令人作呕的怪物埃拉伽巴路斯(Elagabalus)较长时间的统治之后,名副其实的能力超群的亚历山大·塞维鲁斯(Alexander Severus)登上王位。在一个腐败透顶的年代,亚历山大·塞维鲁斯是一个纯粹的王子,生活清白。他钟爱真理和任何时代的美德。据说,在他的私人小教堂里,树立着他认为是人类最伟大老师的雕像,包括亚伯拉罕(Abraham)、耶稣基督。他试图效仿最好的皇帝,把事情做得最好。他选择伟大的法学家乌尔比安(Ulpian)和包鲁斯(Paullus)为自己的顾问。他在位期间,最重要的一件事是,成功地抵御了在帕提亚王国废墟上所建新君主国的波斯人的进犯。

二、分崩离析的帝国

【罗马人的外敌】公元3世纪期间,罗马帝国遭受的大规模外敌侵扰前所未有。由精力充沛且野心勃勃的、拥有王室血统的、名曰萨珊尼狄(Sassanidae)领导,在东方建立了新的波斯君主国。该王室血统的建立者为阿尔塔萨莱斯(Artaxares,即阿尔达希尔——Ardashir),宣称所有罗马亚细亚行省本来都属于波斯。如同上文提到的,这一要求遭到拒绝后,引发了波斯同亚历山大·塞维鲁斯之间的战争,以及同亚历山大后继者们的惨烈战争。

但罗马最强大的敌人是莱茵河、多瑙河边境的日耳曼蛮族诸部落。靠近北海的莱茵河下游几个名曰贾提、卡屋奇(Chauci)、凯鲁斯奇(Cherusci)等部落,和其他部落联合在一起,合称为法兰克人(Franks)。阿尔卑斯山附近的莱茵河上游,诸多部落聚集在一起,合称为阿拉曼尼人(意为所有的人)。越过多瑙河对面与黑海北岸,并最终制造了罗马城恐怖的是强大的哥特人。对我们而言,皇帝名字的传递几乎毫无意义,罗马人一直忙于同这些民族的战争——此时的战争,已不是共和国时代那种为了征服和荣耀所进行的战争,而是为了生存进行的保卫战。

【东方哥特人的入侵】3世纪中期(公元250年),哥特人第一次出现在罗马领土上。此时,哥特人越过多瑙河,入侵达契亚,蹂躏了莫西亚行省。在莫西亚的一场大会战中,哥特人杀死了勇敢的罗马皇帝戴西乌斯·穆斯(Decius Mus)。戴西乌斯·穆斯是共和国英雄时代,在维苏威山献出自己的生命的戴西乌斯·穆斯的后裔。戴西乌斯的继承人伽卢斯(Gallus)通过支付年贡,从哥特人那里“购买”了和平。此后不久，瓦莱里安（Valerian）和加列努斯（Gallienus）统治期间（公元253—268年），这些蛮族经由黑海和博斯普鲁斯海峡，对罗马发动更可怕的入侵。这些蛮族乘船渡海，围攻并劫掠了小亚的多座城市，焚毁了位于以弗所的辉煌的戴安娜神庙，并渡过爱琴海，进入希腊，直接威胁意大利。最后，携带大批战利品，越过多瑙河，返回自己的家园。

【西方法兰克人和阿拉曼尼人的进犯】在哥特人袭扰罗马的同时，生活在莱茵河对面的蛮族入侵帝国西部行省。法兰克人进入高卢西部地区，后又越过比利牛斯山，攻陷了多座西班牙城市。与此同时，阿拉曼尼人进入高卢东部，侵略意大利，直至拉文纳（Ravenna）城下。这时，取代旧有近卫军的罗马卫戍部队，使罗马城免遭破坏，为罗马做出了巨大贡献。

【波斯人在亚洲的进犯】然而，罗马人所有的灾难不止来自北方，新的波斯君主国，在第二位伟大君主萨普尔（Sapor）率领下，一直试图推进阿尔塔萨莱斯的政策，将罗马人从亚洲行省赶走。萨普尔首先征服了自哈德良时代开始即是独立王国的亚美尼亚。接下来，萨普尔又蹂躏了叙利亚、西里西亚和卡帕多西亚等行省。安条克与其他沿海城市遭到抢劫或焚毁；罗马皇帝瓦莱里安被生擒。萨普尔傲慢与瓦莱里安蒙羞的故事写进了历史：据说，这位波斯国王为羞辱自己的俘虏，无论何时上马，双脚总是踩着这位罗马皇帝的脖颈。

【三十僭主时代】在经历各种外来风险中，罗马经历了先前从未见过的、程度骇人的危胁，即篡位者出现在帝国各地——亚洲、埃及、希腊、伊里利库姆和高卢。尽管吉本计算出加列努斯统治时期，那些所谓的僭主只有19个，但这一时期仍被称为“三十僭主”时代。除了那些已经提到的灾祸之外，可以想到的其他灾难则是饥馑和瘟疫——罗马饱受这些灾祸的折磨。从戴西乌斯到加列努斯，大约15年间，帝国成为一场巨大瘟疫的牺牲品，据说，这场瘟疫猖獗一时，波及每一个行省、每一座城市，甚至几乎是每一个家庭。外敌入侵，内部的各种反叛与瘟疫，罗马似乎从未像现在这样接近毁灭。

下列表格说明的是这一时期皇帝的姓名及登基时间（公元纪年）。

姓　名	登基时间	姓　名	登基时间	姓　名	登基时间
康莫都斯	193 年	戈尔迪亚努斯一世与二世(Gordianus I. & II.)	237 年	克劳狄乌斯二世(Claudius Ⅱ.)	260 年
皮尔提纳科斯	193 年	普皮努斯与巴尔比努斯(Pupienus & Balbinus)	238 年	奥莱里安(Aurelian)	270 年
朱里亚努斯	193 年	戈尔迪亚努斯三世(Gordia - nus III.)	238 年	塔西图斯(Tacitus)	275 年
塞普提米乌斯·塞维鲁斯	211 年	菲利普斯(Philippus)	244 年	弗洛里亚努斯(Florianus)	276 年
卡拉卡拉与盖塔	217 年	戴西乌斯	249 年	普劳布斯(Probus)	276 年
马克里努斯	218 年	伽鲁斯(Gallus)	251 年	卡鲁斯(Carus)	282 年
埃拉伽巴路斯	222 年	埃米里亚努斯(Aemilianus)	253 年	卡里努斯与努米里安(Carinus & Numerian)	283 年
亚历山大·塞维鲁斯	235 年	瓦莱里安	253 年		
马克西米努斯(Maximinus)	235 年	加列努斯	260 年		

三、伊利里安诸帝

【帝国恢复部分元气】在长达 80 年时间里——从马尔库斯·奥莱利乌斯驾崩(公元 180 年),到加列努斯殁(公元 268 年)——帝国统治逐渐衰微,直到当时因缺乏一个统治者而走向分崩离析。然而,从前我们也见到过罗马濒临毁灭的边缘——早期的高卢人,汉尼拔入侵,以及辛布利人的袭击等。和发生在古代的那些变故一样,面对危险,罗马人表现出了非凡的坚毅和勇气。在五位有能力的统治者——克劳狄乌斯二世、奥莱里安、塔西图斯、普劳布斯和卡鲁斯——领导下,罗马人又一次恢复了元气,使罗马在西方继续存在了二百余年,在东方延续了一千余年。现在,让我们看一看罗马是如何从眼下的灾难中复原的,我们同样能够理解奥古斯都建立的早期帝国,是如何转变为戴克里先和君士坦丁建立的新型帝国的。

【克劳狄乌斯二世战胜哥特人(公元268—270年)】行省近期内发生一系列反叛的原因之一是,普遍对罗马中央权威失去信任。如果罗马皇帝不能保护行省,行省就会决定在自己的统治者率领下,保护自己。当一个人显示出保卫边境的能力时,各种反叛的根源也会随之消失。这个人就是伊里利库姆人克劳狄乌斯二世。克劳狄乌斯二世唤醒了军队的爱国主义,重建了军队的纪律。克劳狄乌斯自治立的总督关注无多,而是率领军队进入希腊,迎战再次越过多瑙河,入侵马其顿的哥特人。克劳狄乌斯二世通过一系列的胜利,成功地从这些蛮族手中解救了罗马,也因此得名"克劳狄乌斯·哥提库斯"(Claudius Gothicus)。

【奥莱里安与帝国重建】克劳狄乌斯二世的继任者奥莱里安收获了前任的胜利果实,成为真正重建帝国的皇帝。奥莱里安加高了罗马城墙,以防止敌人的突然袭击,这座城墙保留至今,即著名的奥莱里安城墙。接下来,奥莱里安效仿了奥古斯都的谨慎政策,从达契亚撤出军队,划定多瑙河为帝国边境。奥莱里安接下来把注意力转向了那些反叛的行省,平定了高卢和西班牙,从反叛者提特里库斯(Tetricus)手中夺回了不列颠。最后,奥莱里安恢复了罗马在东方的权威,摧毁了帕尔米拉(Palmyra)城,该城市曾经是由著名女王芝诺比娅(Zenobia)统治的独立王国所在地。

【无声的入侵】奥莱里安的后继者——塔西图斯、普劳布斯和卡鲁斯——保持了奥莱里安所获得的成果。通过坚持同外敌和内部各种僭主的斗争,帝国整体上保持完整。值得注意的是,这一时期,通过允诺蛮族在边境行省和平地安家落户,一项针对蛮族的安抚政策得到采纳。被称为"无声的入侵",由此拉开序幕。不仅是罗马领土,而且军队和国家各级官职——军事的、行政的,也逐渐对那些愿意成为罗马臣民的日耳曼人开放。

【新阶层:克罗尼】如何安置那些得到允许进入各个行省新居民,此时成为一个重要问题。一些很有能力的蛮族首领跻身罗马军队将领之列,许多人得到允许,到罗马军队中服役。有时,一些部落获得准许,整部落地在划归给他们的土地上定居。但绝大多数人,特别是那些战争中的俘虏,所受待遇却不尽相同。他们没有被卖身为奴,却交给了大土地所有者,作为永久的佃户附属于这些地产。虽然这些地产主不可以像对待奴隶那样,将他们卖掉，但如果土地出售，他们则会连同土地一起被卖掉。这个阶层的人最终被称为“克罗尼”（*coloni*），即束缚在土地之上的农奴（serfs）。克罗尼拥有一小块自己耕种的土地，并向地主交纳地租。但这个阶层的最终构成，不仅包括了蛮族战俘，而且还包括被释放的奴隶，甚至还有罗马自由民，这些人无力养活自己，放弃自己的身份，成为某些地主的农奴。由此，“克罗尼”最终构成了行省人口的大部分。

这一新阶层的人在罗马帝国地位特殊，对于大多数学习历史的人也有特殊意义，因为在罗马帝国灭亡后的中世纪，这些人后代中的很大一部分成为农奴阶级，构成了欧洲社会的一个重要元素。

【向帝国晚期过渡】上述五位统治者有成效的努力证明，如果正确地组织和进行管理，罗马帝国是能够存在下去的。帝国政权把握在诸如康莫都斯、埃拉伽巴路斯这种荒淫无能的统治者手中时，民众实际上处于无人管理的状态，无法抵御外敌攻击，也无法避开混乱的各种危险。但如果统治者是克劳狄乌斯二世或奥莱里安，民众依然有能力抵御外敌入侵，平息内部叛乱。3 世纪发生的各种事件说明，如果帝国继续存在，行省不分裂，那么帝国统治必须进行某些变革。衰退的早期帝国就此踏上了新的帝国主义模式之路。

第八阶段:晚期帝国(公元284—476年)

第二十八章 重建帝国

一、戴克里先的统治(公元284—305年);二、君士坦丁时代(公元313—337年);三、君士坦丁的后继者(公元337—395年)

一、戴克里先的统治(公元284—305年)

【新帝国主义】戴克里先的继位,开启了罗马帝国历史的一个新时代。有人认为,奥古斯都的早期帝国是以共和国外衣为掩盖的绝对君主专制。一般而论,这种观点是非常正确的。但古老共和国各种的外在形式,长久以来已被丢弃一边,戴克里先时代,这些共和国的外在形式被彻底抛弃。通过各种改革,戴克里先与君士坦丁建立了一个新的帝国主义模式——一种剥去共和国外衣的绝对君主制。戴克里先与君士坦丁改革的某些理念,无疑源自此时罗马最强大的对手——新的波斯君主制。在这种强大的君主制中,罗马人看到了能够给自己的政府注入新的活力的某些动力元素。通过采纳这些东方的理念,罗马帝国可以说被"东方化"了。

【戴克里先的政策】戴克里先在诸多方面堪称杰出的帝王。戴克里先出生在达尔马提亚(Dalmatia,伊里利库姆的一部分)一个贫贱家庭,凭借个人奋斗,晋升为罗马东方军队司令官。在东方,戴克里先被手下士兵宣布为皇帝。戴克里先打败了所有对手,夺得了皇权。戴克里先没有居住罗马,而是驻骅小亚一个名曰尼科米底亚(Nicomedia)的城市。戴克里先的全部政策是给予皇帝权威以尊严和力量。戴克里先使自己成为东方君主,他接受了东方式王冠,穿着东方统治者穿着的、以丝绸和黄金制成的华丽皇袍。戴克里先强迫臣属向他行跪拜礼,不能将他视为普通公民,应把他看作人上人。通过这种方式,戴克里先希望他的帝位受到民众和军队的尊敬。皇帝是权力的唯一来源,其他人只有尊敬和服从。

【**四帝共治**】戴克里先认为,一个人独自管理庞大帝国的所有事务是非常困难的。安排一个人统治帝国东部,驱逐波斯人;安排另一个人管理帝国西部,击退日耳曼入侵者是比较合适的。因此,戴克里先和自己信任的朋友、战场上的战友马克西米安(Maximian)结盟。但戴克里先很快发现,这样的权力分割依然解决不了问题。于是,戴克里先授予两位主要的统治者奥古斯都称号,又给两人各指派了一名助手,授予恺撒名号。两个恺撒是加莱利乌斯(Galerius)和君士坦提乌斯(Constantius),两人被视为两个奥古斯都的儿子和继承人。每一位恺撒都承认自己奥古斯都的权威,但都要服从戴克里先本人的最高权威。罗马世界被一分为四的具体情况见下表:

帝国东部		帝国西部	
戴克里先(奥古斯都)	加莱利乌斯(恺撒)	马克西米安(奥古斯都)	君士坦提乌斯(恺撒)
色雷斯、马其顿、亚洲和埃及	诺里库姆、潘诺尼亚和莫西亚	意大利和非洲	西班牙、高卢和不列颠

【**最后一次迫害基督徒**】戴克里先本人并非残酷、有报复心之辈,最初对基督徒抱有好感。但在统治后期,戴克里先受人鼓动,颁布了迫害基督徒的敕令。据说,戴克里先是在助手加莱利乌斯的诱使下,颁布该项敕令的。加莱利乌斯本人一直对基督教怀有敌意,他灌输给戴克里先的是关于基督教种种暴乱与阴谋的传言。戴克里先的敕令要求,所有教堂必须拆毁,圣像一律烧掉,解雇国家公职岗位上的所有基督徒,公共崇拜的秘密聚会的参与者应处以死刑。这次迫害异常残酷地在加莱利乌斯所辖行省肆虐。有人说,这次大迫害应与加莱利乌斯的名字联系在一起,而不应与戴克里先有更多关联。

【**戴克里先政策的结果**】戴克里先新政策总的结局是给予帝国一个强大、有效率的政府。罗马人以坚定和积极的精神,回击威胁国家的各种危险。镇压埃及的反叛,打败波斯人和蛮族,保卫了边境安全,公共工程陆续建造,宏伟的戴克里先浴场即为其中之一。在结束自己统治时,戴克里先在古都罗马举行了凯旋式。

【**戴克里先退位**】在成功掌权 21 年后,戴克里先主动放弃了自己手中的皇权,既不是因为健康原因,亦非想知道他的新体制,离开他的监督是如何运转的。戴克里先退隐到故乡行省达尔马提亚,在亚得里亚海滨萨罗那(Salona)的行宫度过余生。戴克里先喜爱乡村生活,当老同僚马克西米安问他,是否重掌王权时,戴克里先写信告诉马克西米安:如果你来到萨罗那,看一看我亲手种植的各种蔬菜,你就不会和我谈论帝国了。戴克里先死前(公元 313 年),亲眼看到了他所建立的体制的种种弊端。敌对势力在各个统治者中形成,并导致内战发生。一时间,出现了试图使自己称霸帝国的 6 个皇帝。在这场冲突中,君士坦丁异军突起,继续并完成了戴克里先的事业。

二、君士坦丁时代(公元 313—337 年)

【**君士坦丁继位及其政策**】通过一系列的胜利,战胜了所有对手——已无必要一一列举,君士坦丁成为帝国唯一统治者,帝国在他权威下重新统一。君士坦丁比戴克里先视野更开阔,组织才能也比戴克里先胜过一筹。君士坦丁完成了戴克里先开创的事业。实际上,君士坦丁给予罗马帝国主义,在帝国存在的时段内所保持的最后一种模式,这一模式对现代政府产生了巨大的影响。我们应该记得,重现于现代欧洲各帝国的帝国主义,与其说是奥古斯都早期的帝国主义,不若说是君士坦丁的后期帝国主义。这一事实能够帮助我们理解君士坦丁作为政治家和政治改革家的伟大之处。君士坦丁的策略是,把所有的权力集中在皇帝手中,周围是精心设计的宫廷体制和壮观的礼仪,并使得民政、军事各级官吏都对帝国最高首脑负责。

【**君士坦丁转变信仰**】一般认为,君士坦丁是第一个基督徒皇帝。君士坦丁传记作者尤西比乌斯(Eusebius)记载了君士坦丁转变信仰的神奇故事。据说,在指挥军队向对手马克森提乌斯(Maxentius)进发时,君士坦丁看到天空中闪亮的十字架标记,并写着这样一句话:此标记佑你成功。由于这次幻象,君士坦丁接受了基督教,军旗上也增加了十字架标记;君士坦丁把自己的胜利归功于上帝,而不是他本人。一些历史学家对这个故事的真实性表示怀疑,但君士坦丁以完全不同于前辈皇帝的目光看待基督徒,以及他本人公开承认是基督教会的朋友等,却是无法否定的事实。君士坦丁的母亲海伦娜(Helena)是基督徒,他的父亲君士坦提乌斯则反对戴克里先和加莱利乌斯迫害基督徒。在成为西部帝国唯一统治者时,君士坦丁对他所辖行省的基督徒颁布了"容忍敕令"(公元 313 年)。

【接受基督教】不同历史时期,罗马政府对基督教的态度各不相同。帝国初年,帝国政府对新宗教采取的是中立政策,但在从尼禄至戴克里先对基督教迫害期间,则敌视或仇恨基督教。最终,在君士坦丁治下,基督教成为民众、国家接受的宗教。基督教徒遍布帝国大部分地区,承认这一新宗教给新政府带来了稳定。然而,君士坦丁在接受基督教为国教的同时,并没有采取极端手段试图根除异教信仰。异教崇拜得到了容忍,直至许多年以后才被基督徒皇帝禁止。为了平息不同教派之间的纷争,君士坦丁在尼西亚(Nicaea)召开了一次神职人员参加的大规模会议,会议做出的决定此后被视为正统信仰。

【迁都君士坦丁堡(公元238年)】君士坦丁接下来的一个重要举动是通过建造一个新的都城,摆脱古老帝国的传统。异教信仰的各种记忆,以及共和国的遗迹充斥着古老的罗马城。君士坦丁希望给予帝国一个新的权力中心,这个中心的坐落位置应有利于实施他的新计划,还应当有利于保卫罗马领土。出于这一目的,君士坦丁选择了希腊人的古老殖民地,位于欧洲和亚洲交界处的拜占庭(Byzantium)旧址。该地点对防御、商业贸易,以及建立东方式的统治体制都是有利的。君士坦丁大规模投资新都城,以各种新的艺术品和新建筑装饰这座城市。新都城依其建造者得名君士坦丁堡(Constantinople),意为君士坦丁的城市。

【新的宫廷机构】君士坦丁和戴克里先都认为,旧帝国诸多弊端之一是皇帝个人没有获得足够的尊重。因此,和戴克里先所作所为一样,君士坦丁不仅接受了亚洲君主们的王冠和精心制作的长袍,而且完全按照东方模式组建宫廷。亚洲式的宫廷里充斥着大批随从官员,这些人不离皇帝左右,向皇帝行屈膝礼,为皇帝服务。凭借为皇帝的服务,这些人跻身达官显贵之列,君主的各项权力也通过这些宫廷官吏得以行使。东方君主这些特征此时均被罗马皇帝采纳。宫廷主要官吏由下列人员组成:内廷总管,主管宫廷;御前大臣,管理宫廷官吏,接待各国使节;秘书官,负责起草和颁布皇帝敕令;财务总管,掌控公共税收;皇家庄园主管;两名近卫军长官。君士坦丁的宫廷为现代皇室宫廷提供了模板。

【新的行省体制】君士坦丁的另一项重要改革是以一种非常系统化的方式,重组了罗马领土。这一重组是建立在戴克里先的行省划分基础之上的,但君士坦丁的重组更加彻底、更加完善。整个帝国第一次被划分为四大部分,称为近卫军统领行政区。这四个行政区分别是:(1)东部统领区;(2)伊里利库姆统领区;(3)意大利统领区;(4)高卢统领区。每个统领区进一步划分为行政区(*diocese*),由名曰维卡(*vicar*)的行政区总督统辖,隶属近卫军统领。每一个行政区进一步划分为若干行省,行省总督称为执政官、主席、督军(*duke*)等。每一个行省由若干城市和城镇组成,每座城市或城镇拥有自己的自治政府。每一座城市由一个城市议会(*curia*)管辖,主持议会的是两名或四名高级官吏(*duumviri*, *quattuorviri*)。帝国晚期,这些高级官吏和共和国时代的保民官一样,保护民众的诸项权益。君士坦丁新的行政区划如下表所示:

一、东部统领区(5 个行政区)		二、伊里利库姆统领区(2 个行政区)	
(一)东部	(15 个行省)	(一)达契亚	(5 个行省)
(二)埃及	(6 个行省)	(二)马其顿	(6 个行省)
(三)亚洲	(11 个行省)		
(四)本都	(11 个行省)		
(五)色雷斯	(6 个行省)		
	计 49 个行省		计 11 个行省
三、意大利统领区(3 个行政区)		**四、高卢统领区(3 个行政区)**	
(一)意大利	(17 个行省)	(一)西班牙	(7 个行省)
(二)伊里利库姆	(7 个行省)	(二)高卢	(17 个行省)
(三)非洲	(6 个行省)	(三)不列颠	(5 个行省)
	计 30 个行省		计 29 个行省

总计:13 个行政区,119 个行省

【新的军事体制】与新的行省体制几乎同等重要的是新的军事体制。早期帝国的主要弊端之一是,军队在国家中占据了皇帝的位置。这一弊端今天可从两个方面理解:首先,军队并不从属于政权。我们已经看到,近卫军如何成为帝国至高无上的统治者,并随之产生了使帝国处于悲惨境地的军事专制。其次,军事权力没有与政权分离。早期帝国,每一个行省总督不仅拥有民事权力,而且掌控军队,一旦总督有分庭抗礼的想法,便可与中央政府抗衡。但君士坦丁扭转了这一切。君士坦丁废除了罗马的卫戍部队或近卫军,只给予地方上的总督民事权力,所有的军队掌握在不同类别的官吏手中,且全部隶属帝国中央政权。这种变化一方面防止了军事专制的发生;另一方面,也防止地方上总督举兵反叛中央政权。

君士坦丁的军事能力毋庸置疑。为了纪念君士坦丁早期的胜利,元老院在罗马城内为他建立了一座壮观的凯旋门,作为此类建筑精美的样本,今天依然矗立在罗马城。

【君士坦丁改革的影响】如果我们不考虑君士坦丁改革对罗马民众自由的影响,我们可以说,他的改革是对奥古斯都所创建的政府的巨大改进。改革给予帝国新的活力,使帝国有能力抵御外来入侵者,帝国由此在西部多存在了几代人的时间,在东部则延续了千余年之久。但维持这样一个体制及其无所不包的宫廷、数量庞大的官僚群体,相应的支出是巨大的。税收负担加重,每一座城市的议会成员(*curiales*)对增加财政收入负有责任。民众不堪重负,对国家毫无兴趣。和奥古斯都一样,君士坦丁没有妥善解决继承人问题,在他死的时候,他的三个儿子瓜分了帝国,并导致了又一场纷争与内战的发生。

三、君士坦丁的后继者(公元 337—395 年)

【恢复异教的尝试】君士坦丁之后,第一个重大事件是朱利安(Julian ,公元 360—363 年在位)皇帝试图恢复古老的异教,由于这一尝试,朱利安得名"叛教者"。朱利安在许多方面能力超群,他击退了越过莱茵河的阿拉曼尼人,对波斯人发动了强有力的攻势。但他是一个坚定异教徒,在基督教和异教的斗争中,他袒护古老的信仰,并通过使异教回归古老的地位,试图废除君士坦丁所做的一切。朱利安没有意识到,基督教是未来的宗教,自以为是地认为,他能够完成马尔库斯·奥莱利乌斯、戴克里先未竟的事业。朱利安或许不希望将新宗教彻底连根拔除,但却想要剥夺新宗教已经获得的各种重要的特权。朱利安短暂统治期间对宗教变化的各种影响,被他的继承人约维安(Jovian,公元 363—364 年在位)消除。作为帝国宗教,基督教从此再未受到袭扰。

【哥特人起义】约维安死后,帝国被瓦伦提尼安(Valentinian)和约维安兄弟瓦伦斯(Valens)一分为二:瓦伦提尼安统治西部,瓦伦斯在东部为王。瓦伦提尼安死后(公元 375 年),将帝国西部的统治权移交给儿子,瓦伦斯则继续统治东部(直至公元 378 年)。这一时期的后半段,发生了一起昭示帝国最后灭亡的重大事件,即匈奴人入侵欧洲。这一亚洲草原上兴起的未开化的种族,攻击哥特人,将哥特人从自己的家园赶到了罗马帝国领土上。对于罗马人而言,此时必须做出的决定是,要么抵抗拥有百万计人口的全部哥特民族,要么将哥特人作为朋友接纳,让他们在帝国境内安家落户。后一种路径似乎更明智一些。哥特人作为盟友被罗马人接纳,罗马人在多瑙河南岸的莫西亚、色雷斯为他们开辟了新家园。但不久哥特人便由罗马官吏的不公正的对待所激怒,举兵起义,在阿德良堡(Adrianople)战役中,大败罗马军队(公元378年),瓦伦斯也在此次战役中殒命。

【狄奥多西乌斯的统治和帝国最后分裂(公元379—395年)】狄奥多西乌斯一世(Theodosius I.)继承了瓦伦斯东部帝国皇帝的王位。尽管狄奥多西乌斯一世精力旺盛,军事能力过人,但他的统治却因种种暴力和不公正行为沾染恶名。狄奥多西乌斯一世继续推行允许蛮族进入帝国的政策,但要把这些蛮族转变成为有益的、忠诚的臣民。通过在蛮族中征兵,狄奥多西乌斯一世加强了帝国军队的实力,小心翼翼地保护他们免遭不公正侵害。当帖撒罗尼卡某个要塞中的哥特士兵遭到围攻时,狄奥多西乌斯一世采取了像马略、苏拉一样残酷的报复性惩罚。狄奥多西乌斯一世把该城市7 000居民聚拢在一个圆形剧场内,让一队哥特士兵对这些人大开杀戒(公元390年)。由于这种非人道的行为,米兰主教圣安布罗斯(St. Ambrose)迫使狄奥多西乌斯一世忏悔——这件事说明了此时教会势力异常强大,足以强迫皇帝服从教会的命令。狄奥多西乌斯一世本人是虔诚、正统的基督徒,甚至不能容忍异教徒的宗教及异教崇拜。虽然人们每每批评指责,但狄奥多西乌斯一世仍不失为一个有能力的君主,故得名“狄奥多西乌斯大帝”。狄奥多西乌斯一世战胜了自己的对手,使整个罗马帝国置于一个皇帝的统治下,实现了短暂的再度统一。狄奥多西乌斯一世死的时候,把帝国分给两个儿子:阿卡狄乌斯(Arcadius)和霍诺利乌斯(Honorius),阿卡狄乌斯得到了帝国东部,霍诺利乌斯获得了帝国西部。

第二十九章　西罗马帝国灭亡

一、大规模外族入侵；二、西罗马帝国灭亡

一、大规模外族入侵

【分裂的帝国】狄奥多西乌斯一世死去的公元395年，是一个重要时代的标志，不仅对于晚期罗马帝国历史，而且对于欧洲文明史，也是一个重要标志。从这时开始，帝国的两部分——西部和东部——越来越疏远，直至最后成为两个泾渭分明的世界，拥有各自不同的命运。不属于我们今天所要学习的历史时段内容的东部帝国历史，连同都城君士坦丁堡，存在了一千余年，直至最后被土耳其人征服（公元1453年）。西部帝国不久便遭到哥特人的蹂躏，最后倾覆。哥特人带来了新的血液和理念，注入了一个新文明的各种元素。我们现在看一下西罗马帝国是怎样屈服于这些蛮族的。这些蛮族渗透边境多年，早已在一些行省获得了立足之地。

【斯迪里克将军】当年轻的霍诺利乌斯成为帝国西部皇帝时，置于一位曾在罗马军队服役的蛮族、有能力的将领斯迪里克（Stilicho）的保护之下。斯迪里克在世时，成功地阻止了各蛮族对意大利的各种进犯。第一次蛮族进犯意大利由对西部皇帝的嫉妒和仇恨引发。莫西亚的哥特人对自己的处境表示不满，要求更多的土地。哥特人在伟大的将领阿拉里克（Alaric）指挥下，进入马其顿，入侵希腊，威胁要毁灭整个半岛。帝国东部皇帝阿卡迪乌斯，为使自己的领土免遭哥特人劫掠，通过让哥特人定居伊里利库姆，并任命他们的首领阿拉里克为行省大将军，把哥特人的目光转向意大利。从这一地区出发，哥特人入侵意大利，抢劫了波河平原。在波伦提亚（Pollentia，公元403年）战役中，斯迪里克打败哥特人，迫使其重新回到伊里利库姆。斯迪里克的军事指挥才能，同样在遏止拉达盖苏斯（Radagaisus，公元406

年)率领的汪达尔人(Vandals)、勃艮第人(Burgundians)、苏维人(Suevi)和阿拉尼人(Alani)的大举进攻中得以展现。似乎只要斯迪里克健在,意大利就是安全的。然而,不幸的是,为满足忘恩负义的主人霍诺利乌斯的嫉妒心,斯迪里克被处死(公元408年)。

【哥特人入侵意大利】斯迪里克死后,意大利实际上已无防守可言。阿拉里克率领西哥特人(Visigoths)径直入侵意大利半岛,进军罗马。有人劝诱阿拉里克,接受一笔巨额赎金,放过罗马城。但这位蛮族首领根本不满足这笔巨额赎金,他希望得到的是土地,并在土地之上安置他的民众。霍诺利乌斯拒绝了这一要求。在与罗马皇帝的谈判无果而终后,阿拉里克决定通过武力,强行实施自己的计划。阿拉里克攻克了罗马城(公元410年),在三天时间里,罗马古城惨遭劫掠。接下来,阿拉里克又蹂躏了南部意大利,他本人则成为这座半岛的主人。阿拉里克不久后死去,他的继任者阿道夫斯(Adolphus,Ataulf——阿陶尔夫)转向高卢和西班牙,在那里发现了阿拉里克希望在意大利得到的土地。

【普拉斯蒂娅的统治】霍诺利乌斯在位期间(公元395—423年)开始的大规模蛮族入侵,一直持续到瓦伦提尼安三世统治时期(Valentinian III.,公元425—455年在位)。由于瓦伦提尼安三世登基时年仅6岁,统治权把持在母亲,霍诺利乌斯的妹妹,狄奥多西乌斯大帝之女普拉斯蒂娅(Placidia)手中。在这一多事之秋,普拉斯蒂娅实际独掌罗马帝国权柄多年。她的军队由拥有最后的罗马人之称的埃提乌斯(Aetius)和波尼法斯(Boniface)指挥。

【阿提拉率匈奴人入侵】西部帝国接下来遭受的大规模入侵,是阿提拉率领的匈奴人的入侵。这一来自亚洲的好战民族已经在多瑙河以北的东欧有了立足之地。在伟大的首领,绰号“上帝之鞭”的阿提拉率领下,匈奴人入侵高卢,多个罗马行省遭蹂躏。匈奴人围困奥尔良市,但最后被得到西哥特人帮助的罗马将军埃提乌斯战败。此次战役发生在查隆斯(Chalons)附近(公元405年),也被称为决定世界命运的战役,因为此次战役的胜利,使欧洲摆脱了鞑靼(Tartar)人统治的危险。不久,阿提拉进攻意大利,但没有进攻罗马城,撤出意大利。

尽管埃提乌斯辉煌的军事业绩得到公认,但也成为宫廷阴谋的牺牲品,被心生妒意的瓦伦提尼安三世杀死。和从前的斯迪里克一样,埃提乌斯的命运显示出的是帝国政权灭亡的悲惨处境。

【盖塞里克率领汪达尔人入侵罗马】拉达盖苏斯死后,他所领导的汪达尔人撤退到西班牙,最后渡海进入非洲,在非洲建立了盖塞里克(Genseric)统治的王国。汪达尔人占领了罗马人的迦太基城,并在此定都。不久,汪达尔人控制了西地中海。以在罗马城解决与罗马人的争端为借口,盖塞里克带领军队在奥斯提亚港登陆,占领了罗马城。盖塞里克的手下疯狂劫掠罗马城,长达14天之久。由于盖塞里克的抢劫,罗马城失去的财富、艺术品不计其数,“故意破坏艺术品的行为”(Vandalism)一词也成为带有可憎含义的特定术语。

【撒克逊人占领不列颠】在哥特人、匈奴人和汪达尔人蹂躏罗马帝国欧陆行省时,罗马军队从不列颠岛撤回。不列颠自行统治岛屿多年后,北部日耳曼部落的朱特人(Jutes)和撒克逊人(Saxons),在岛上发现了渴望得到的定居地,遂开始向不列颠岛移民(公元409年)。

简而言之,西部行省——西班牙、高卢和不列颠——大部分已被日耳曼蛮族侵占,罗马的王权实际上处于孤立状态。

二、西罗马帝国灭亡

【李西默与帝国最后的日子】西部帝国皇帝的权力已被限制在意大利,即使在这里,也被仅仅压缩成为一个影子。蛮族成为王座背后的真正权力。罗马军队几乎全部由蛮族构成,并掌控在蛮族将领手中,即使是都城各项事务安排,也要听命于蛮族首领。帝国存在的最后几年中,斯迪里克的位置由一个哥特人李西默(Ricimer)替代。李西默是在罗马领军饷的外族军队的指挥官,得到了罗马贵族的头衔,此时李西默等同于罗马帝国的摄政。李西默行使绝对权威长达17年之久(公元455—472年),依据自己的意愿拥立或废黜皇帝。西罗马帝国事实上已经不复存在,除了一个虚名之外,别无所有。

【奥多雅克废黜罗慕路斯·奥古斯都斯(公元476年)】李西默所扮演的无所不包的角色,此时由获得贵族头衔的、潘诺尼亚的奥莱斯泰斯(Orestes)所替代。奥莱斯泰斯把自己年仅6岁的儿子罗慕路斯·奥古斯都鲁斯(Romulus Augustulus)扶上王位,这位皇帝的简短统治除了是最后一任皇帝外,再无任何值得提及之处。蛮族雇佣兵要求得到意大利1/3的土地,遭到奥莱斯泰斯拒绝后,雇佣兵把这项任务交给了奥多雅克〔Odoacer,一个赫鲁利人(a Herulian),或是一个鲁基人的首领(Rugian chief)]。罗慕路斯被迫放弃王位,并写信给东罗马帝国皇帝,声称帝国西部不再需要独立的皇帝。奥多雅克被授予贵族头衔,作为东罗马皇帝的代理人,统治整个意大利。西罗马帝国由此被剥夺了帝国称号,这一事件标志着西罗马帝国的灭亡。

【东西罗马帝国的关系】如果问及罗慕路斯·奥古斯都鲁斯被废黜后,怎样界定东西罗马帝国的关系,我们对如何回答这一问题没有把握。由于奥多雅克拥有贵族头衔成为罗马统治者,也由于他承认了东部皇帝的权威,故此,我们可以说,西罗马帝国并没有被消灭,而是东部帝国的再一次简短的统一。就合法性问题而言,这件事或许是真实的。但作为历史事实问题,这一事件不仅标志着倒退回狄奥多西乌斯大帝生前存在的旧制度,而且标志着东西罗马帝国历史的真正分离。

【西方向一种新的文明过渡】帝国西部逐步被日耳曼各个部落所占据。汪达尔人在非洲,西班牙和南部高卢是西哥特人,西班牙西北部是苏维人,高卢东南部为勃艮第人,意大利是赫鲁利人。仅有高卢北部在总督斯亚格利乌斯(Syagrius)统治下,尚存罗马权威的阴影。斯亚格利乌斯单枪匹马抵御入侵者长达10年之久,但最后被克洛维(Clovis)率领的法兰克人征服(公元486年)。新日耳曼王国的酋长们开始各自行使独立的权力,罗马人成为新统治者的臣民。罗马人的习俗、风尚、法律、语言等依然保留,但统治者也向罗马人灌输了各种新的习俗、理念及制度。共和国倾覆后,罗马过渡到帝国;早期帝国衰亡后,过渡到帝国主义的新阶段;此时,西罗马帝国灭亡后,则真正过渡到现代文明成长的各种事物的新的形态。